Passeport

pour une Nouvelle Humanité

Marie-Isis-Myriam

Passeport

pour une Nouvelle Humanité

Les défis de l'initiation en cours

Lise Côté

ARIANE
ÉDITIONS

Passeport pour une Nouvelle Humanité
Par Lise Côté

C.P. 183, Saint-Sauveur, Qc,
Canada J0R 1R0
Téléphone : 514-276-2949
Courrier électronique : info@editions-ariane.com
Site Internet : www.editions-ariane.com

Révision linguistique : Monique Riendeau
Graphisme et mise en page : Carl Lemyre
Illustration de la couverture : Carl Lemyre

Première impression : juillet 2021
ISBN : 978-2-89626-591-6

Dépôt légal :
Bibliothèque nationale du Québec, 2021
Bibliothèque et Archives Canada, 2021
Bibliothèque nationale de Paris, 2021

Diffusion
Québec : Flammarion Québec – 514 277-8807
www.flammarion.qc.ca
France et Belgique : D.G. Diffusion – 05.61.000.999
www.dgdiffusion.com
Suisse : Servidis/Transat – 22.960.95.25
www.servidis.ch

Gouvernement du Québec – Programme de crédit d'impôt
Pour l'édition de livres – Gestion SODEC

Nous reconnaissons l'appui [financier] du gouvernement du Canada. | Canada

Membre de l'ANEL

Imprimé au Canada

À Lukas, mon petit-fils bien-aimé.

Sur ton chemin de réalisation, puisses-tu garder vivant ton souvenir d'enfant des étoiles. Puisses-tu nourrir à chaque instant l'union à toutes les formes de vie et cultiver le respect de tout féminin.

Table des matières

Deuxième partie

Troisième partie

Quatrième partie

Avant-propos

Imaginez un véhicule multidimensionnel aux couleurs iridescentes du ciel, vibrant dans le champ de conscience unifié de la Source, un champ de fréquence lumineuse dorée. Ce vaisseau de lumière, la barque d'Isis, porteuse de vie, se meut au sein de tous les univers pour ensemencer les graines de la conscience christique et les codes-clés d'ascension.

– Marie-Isis-Myriam

Qui est le collectif Marie-Isis-Myriam ?

Hôtesse de la vie, cette conscience du principe créateur œuvre à l'éveil de l'humanité et à l'ascension de la Terre en soutenant leur initiation et leur transmutation. Ainsi, la Voix Une à multiples rayons de Marie-Isis-Myriam et de toutes les autres – Sophia, Shekinah, Ève, Lilith, Shakti, Tara, Quan Yin, Itchel, Sekhmet, la Femme Bison blanc – représente autant de formes et de visages représentatifs de leur voie inclusive et de leurs consciences inséparables puisqu'unifiées. La puissance de leur émanation et de leur rayonnement insuffle un élan de créativité au sein de tous les univers et répand une douce lumière porteuse d'une énergie pacificatrice, libératrice et compassionnelle.

En tant que gardiennes de la Terre, porte-flambeaux de la paix et matrices de tous les mondes, Marie-Isis-Myriam et toutes les autres facilitent notre reconnexion à l'immense toile de vie et impulsent notre montée dans la lumière ardente du Christ par la force du feu brûlant de Shakti. Comme un extraordinaire levier, Marie-Isis-Myriam nous soutiennent dans notre ascension et dans les retrouvailles de notre potentiel multidimensionnel. Après des millénaires d'une matrice souffrante, le collectif du Féminin sacré, s'exprimant d'une même voix à la couleur du rayonnement respectif de chacune, contribue à la mutation de la conscience afin de générer un nouveau souffle de création. Telles de sages femmes, les Déesses de tous les plans soignent la Terre et l'ensemencent puissamment et abondamment de germes christiques, à partir de diverses matrices de création dont la fréquence lumineuse est celle du bleu saphir. Réparties dans plusieurs points pivots de la grille énergétique et dans des réservoirs d'énergies du Féminin sacré, ces matrices servent de support pour la naissance du nouveau corps planétaire. Ce sont des catalyseurs d'ascension, de nouvelles structures intrinsèques à la cinquième dimension préparant les cœurs à l'unité de la lumière cristalline. Voilà l'essence même du Grand Œuvre de lumière, soit d'offrir nos créations les plus lumineuses et la beauté de notre rayonnement, tous ensemble réunis. Il est une invitation à jouer de concert pour l'éveil de l'humanité en union avec toutes les formes de vie du monde visible et du monde invisible ainsi qu'avec les émissaires de lumière de tous les plans.

> *Chère âme en incarnation, c'est par le chemin clair de votre cœur et en recouvrant vos parts multidimensionnelles que vous vous rapprochez de nous. Laissez vos sens se remplir des effluves divins de notre parfum aux mille roses. Entre vous et nous, il n'existe qu'un seul battement de cœur.*
>
> – Marie

Qui est Marie ?

Ambassadrice du Divin Féminin et archétype de la Mère primordiale source première de vie, Marie représente l'aspect créatif féminin de la divinité. Son cœur transcendant et multidimensionnel est un portail direct qui nous ouvre à l'amour et à la compassion et nous fait embrasser inconditionnellement toute la création. Son souffle divin d'où jaillit chaque expression de vie inspire la flamme de notre mouvement créateur unique et réactive nos pouvoirs sacrés de guérison et de transmutation. Son rayon unificateur et transformateur nous permet de tout mettre en œuvre, alors que le message qu'elle livre nous convie à marcher sur les pas du Maître au sein des mondes unifiés, dans toutes les expressions de notre plus belle lumière.

Marie souhaite qu'on suive la trace de son véritable héritage spirituel et qu'on se réconcilie avec sa présence bienveillante, au-delà du personnage purement historique auquel elle est identifiée et révérée. Elle nous exhorte à ne pas tomber dans le piège de l'adoration de son cœur de Mère. Son enseignement universel et intemporel est libre de toute appartenance religieuse et nous invite à pénétrer dans la matrice d'ascension et à parcourir humblement la voie sacrée vers la réalisation de notre être. Depuis toujours, Marie interpelle notre cœur multidimensionnel comme la plus magnifique des roses en éclosion, un puissant chemin de guérison, de pardon et de compassion en résonance holographique avec son cœur bienveillant de Mère. Lors d'activités, de voyages initiatiques et de toutes les autres formes de rassemblement, Marie s'adresse aux cœurs et à l'âme des individus en activant d'intenses portails d'initiations et d'expansion de conscience. C'est avant tout une pure transmission de lumière. Toute l'énergie déployée par le groupe et celle générée et amplifiée par sa présence lumineuse sont transférées vers des personnes et des lieux nécessitant en particulier un changement de fréquence vibratoire et pouvant bénéficier d'énergies apaisantes de guérison et de l'incroyable pouvoir transcendant de l'amour. Imaginez divers points lumineux qui s'allument ici et là, des semences de paix, de conscience et d'amour créées par voie de résonance. N'existe-t-il pas mille manières d'ancrer le Grand Œuvre de lumière au sein de la planète en résonance avec tous les mondes unifiés ? Comme l'araignée qui tisse sa toile, l'action de la Mère pour notre éveil est laborieuse et illimitée. Marie porte en sa matrice les codes-germes de l'humanité nouvelle.

Depuis le tournant majeur qui a marqué la fin de plusieurs cycles en 2012, il est d'autant plus facile de se rapprocher de la vibration et de la lumière flambante de Marie, et de s'y unir consciemment. En tant qu'énergie de Mère, dans un grand flot d'amour, sa coupe vibrante déverse sur nous ses eaux primordiales afin de dégager les voies utérines de la Terre et d'assainir les eaux troubles de nos fluides intérieurs. Toute personne qui chemine dans le sillon de la puissance douce de sa matrice est orientée vers une guérison salutaire et la reconnexion à ses pouvoirs créateurs d'être souverain. L'enseignement de Marie nous témoigne une invitation à progresser sur une voie accélérée d'évolution. Sa présence auprès de nous et son souffle divin à notre oreille se font de plus en plus palpables, nous répète-t-elle. Son cœur pulse avec force tout son amour pour nous et nous assiste dans le déploiement de notre rayonnement. Au fur et à mesure de notre avancée, demeurons attentifs à nos rêves, à nos visions et à nos songes ainsi qu'à toutes les autres formes de manifestation. Porteuse de toutes les potentialités, Marie s'offre à nous généreusement pour favoriser la gestation et la naissance en douceur de la conscience christique au cœur de notre être et au sein de l'humanité.

Mot de l'auteure

Comme chaque fois, déposer les mots de Marie et de son collectif sur papier se révèle pour moi une expérience incroyablement exaltante qui me met en joie. J'éprouve toujours un grand bonheur dans ce fabuleux partenariat. Entre elles et moi, c'est une folle histoire d'amour qui a traversé le temps et l'espace et m'a donné la clé d'accès à mes multidimensionnalités. Je bénis tous ces moments de grâce qui touchent mes sensibilités, m'alignent sur la fréquence du cœur et me font pénétrer dans des dimensions indicibles de mon être. À chaque contact, je baigne dans un champ puissant et vibrant d'amour et de bienveillance duquel je me sens profondément soutenue, protégée et remerciée. Être le canal et l'écho de la voix unifiée et intemporelle du Divin Féminin s'avère un incroyable levier d'évolution spirituelle et d'expansion de conscience qui opère des miracles sur tous les plans de mon existence. Je me fonds à la puissance de l'amour de la Déesse et je m'incline devant l'infinie bonté de son cœur bienveillant. Je suis honorée de pouvoir actualiser pleinement la mission de mon âme en incarnation, malgré l'intensité et la rigueur du parcours par moments. Chaque matin, au soleil levant, je réitère ma claire intention de servir le plus fidèlement possible mon mandat divin sur Terre et d'en être un pur canal de lumière.

Je souhaite que *Passeport pour une Nouvelle Humanité* soit une source d'inspiration et serve de phare et d'amplificateur à votre initiation, déjà bien enclenchée. Il me tarde de vous informer que je ne suis pas la véritable auteure de ce livre, mais plutôt la rédactrice. Avec la guidance soutenue et bienveillante de Marie-Isis-Myriam, j'ai compilé plus de mille cinq cents pages de transmissions, desquelles j'ai tiré les enseignements les plus appropriés pour créer la chair de ce recueil canalisé. Dans la mouvance actuelle de cette intense initiation personnelle, collective et planétaire, Marie et son collectif nous invitent à un parcours spirituel formidable en nous proposant des outils de croissance et des clés d'ascension pour soutenir notre voie d'accomplissement. La plupart des enseignements contenus dans cet ouvrage vous seront sans nul doute familiers. Le message et le parcours proposés par Marie-Isis-Myriam se révèlent d'une surprenante simplicité, mais le fait de les mettre en pratique à tout instant et de les intégrer s'avère l'aspect le plus ardu. Prémisse à l'ascension, ce cheminement conscient et la quête intérieure au quotidien constituent désormais l'initiation du XXIe siècle. Marie et le collectif ne cessent de nous rappeler que la guérison profonde à tous les niveaux de l'être et le chemin d'ascension sont avant tout une tâche intérieure de transmutation et d'expansion, culminant par l'accession à nos multiples pouvoirs sacrés d'âmes en incarnation.

Pour faciliter l'intégration des enseignements et ajouter à notre pratique spirituelle quotidienne, Marie-Isis-Myriam nous proposent des outils d'accompagnement simples et pertinents par des exercices, des rituels, des décrets, des prières, des invocations et des mantras. Encodés et riches d'une qualité vibrationnelle dans leur structure sonore, les mantras, les invocations et les décrets possèdent un grand pouvoir transformateur de notre réalité vibratoire, et impactent la cellule en réactivant notre pouvoir souverain. Toutes de puissants outils d'initiation et d'éveil sur le chemin de la maîtrise, ces pratiques ont pour but d'harmoniser les différents aspects de notre être et de libérer notre potentiel vocal, souvent retenu et endormi. Nous commençons toujours la récitation consciente à voix haute pour faciliter l'ancrage de la semence encodée dans les chakras inférieurs et pour stimuler le pouvoir illimité de notre voix, la voix étant le vecteur du cœur. Avant de compléter, on vit intérieurement la formule choisie pour éveiller les cordes plus subtiles de la conscience et des chakras supérieurs. Les décrets et les mantras, chers à l'enseignement de Marie depuis des décennies, nous connectent à un niveau supérieur de conscience qui, progressivement, réactivent de nouveaux circuits neuronaux. Par exemple, quand nous psalmodions un mantra dans la pleine présence, nos glandes pinéale et hypophyse émettent des ondes lumineuses. Par principe de résonance, nous entrons dès lors dans un état modifié de conscience en relation avec la source infinie de lumière du cosmos. Le poids de la répétition consciente et affirmée dilate nos canaux de raffinement et de communication et libère un haut potentiel énergétique. Marie ne cesse de nous répéter combien la régularité d'une pratique spirituelle répartie dans le temps et l'espace est la clé du pouvoir d'intégration en profondeur. Pourquoi ne placerions-nous pas la répétition sur une octave supérieure de conscience et sur les harmoniques de notre cœur ?

Je vous invite à vous abandonner à la grâce du Divin Féminin et à vous rendre disponible au flot du courant de la Vie Une. Inspirez cet enseignement vivant et vibrant avec votre souffle sacré de façon qu'il s'enregistre dans vos cellules. Ne tentez pas de le retenir par l'intellect. Essayer d'interpréter l'œuvre de Marie et de son collectif à partir de l'unique mental court-circuite inutilement le mouvement de la vie en vous. Des pauses fréquentes sont recommandées vous incitant à l'expérience de la pleine présence. Inspirez et expirez en conscience. Le souffle divin ne nous amène nulle part ailleurs que dans l'instant présent et facilite l'intégration de fréquences nouvelles dans la cellule. Projetez-vous au-delà du support des mots employés, vous laissant imprégner par l'énergie qui s'en dégage, l'énergie d'amour. L'amour n'est-il pas la plus fondamentale des lois universelles ?

Bon voyage sur la voie sacrée de l'accomplissement !

De mon cœur, accueillez mille pétales de roses,

Lise

Préambule

Sans aucun doute, l'humanité est entrée dans un processus transformationnel majeur et une nouvelle réalité vibratoire, le plus long et intense voyage de son existence. L'énergie ascensionnelle se meut à plein régime tandis que les initiateurs de tous les mondes et la guilde des Maîtres vous assistent étroitement sur le chemin du retour. En tant qu'âme en incarnation, vous avez choisi d'être présent à cette époque charnière de profondes mutations et d'envolées lumineuses. Vous êtes à la crête d'une vague de changement sans précédent. Désormais, vous vivez au rythme des battements de cœur d'une planète en voie d'ascension. Tout en vous et au cœur de l'humanité se fraie un chemin vers la lumière. Vous faites face à une puissante initiation personnelle, collective et planétaire remplie de promesses. Un nouveau chapitre s'inscrit. Chacun gagne à s'ajuster et à s'harmoniser à la nouvelle réalité vibratoire du mouvement ascensionnel. De vastes sauts quantiques se produisent en raison de l'élévation considérable de la fréquence de la Terre. Réjouissez-vous, c'est l'heure du Grand Rassemblement afin d'œuvrer à la cocréation de la nouvelle humanité et à son rayonnement dans tout le cosmos.

Si l'ouvrage *Passeport pour une Nouvelle Humanité* se trouve en ce moment entre vos mains, c'est que votre âme vous pousse à vivre le long chemin de la tête vers le cœur, un chemin incontournable et gratifiant, par une lente pénétration en profondeur vers la complétude de votre être. Et, si cet engagement était une véritable histoire d'amour ? Dans cette période déterminante de transition, une époque cruciale et irréversible d'évolution, il convient, plus que jamais, de vous aligner sur la puissance de l'énergie d'amour pour entraîner l'humanité vers les hauteurs et permettre à la Terre de vibrer sur la fréquence de son corps lumineux. C'est le cœur qui doit inspirer vos pensées, vos idéaux et vos actions, là où toute création prend son germe. C'est uniquement à partir de ce germe christique que la Nouvelle Terre pourra émerger. Le changement véritable ne naîtra que sous le sceau de l'amour, une vérité fondamentale. Vous ne pouvez servir votre évolution et celle de l'humanité sans la présence de ce combustible. Le changement ne peut être propulsé par la force, la manipulation et l'accusation. Il ne peut non plus être propulsé par l'ignorance de votre identité souveraine. Sinon, vous ne feriez qu'entretenir la même énergie de l'esprit duel et de séparation de l'ancienne matrice. Qu'attendez-vous pour briser le voile opaque de la dualité ? Qu'attendez-vous pour vous élever au-dessus de votre condition humaine et retrouver votre véritable identité spirituelle ? Cela est votre apocalypse personnelle d'avoir oublié que vous êtes un enfant des étoiles, issu de la lumière et de l'infini. Que vous êtes sur Terre pour rayonner et briller. Que vous êtes sur Terre pour célébrer vos pouvoirs multidimensionnels d'âme en incarnation. Vous ne pouvez taire cette vérité éternellement.

En tant que collectif du Féminin sacré, nous vous proposons une odyssée exceptionnelle dont chaque étape vous conduira plus profondément vers l'ultime présence du Maître souverain en vous et votre plus haut potentiel créateur. Que choisissez-vous ? Or, le choix de l'ascension constitue avant tout une option personnelle, bien que vous ne puissiez passer à côté des transformations majeures dont la planète est l'hôte. Ce parcours évolutif, avec comme carte routière votre cœur, est un appel pour que vous osiez emprunter la voie sacrée dans l'or de tout instant et dans l'or de votre sanctuaire, là où réside votre véritable pouvoir. La Voie constitue avant tout une tâche intérieure. C'est une quête authentique dans l'intégration des riches expériences du quotidien et dans l'expression de votre plus belle lumière. Car le chemin est la vie !

Vous vous préparez à franchir la porte ultime de votre conscience et à voyager dans différentes contrées. C'est une réelle invitation à opérer des miracles dans votre vie. C'est aussi une invitation à renouveler votre vœu d'ascension et à l'affirmer haut et fort devant l'univers. Dans la mouvance actuelle de votre périple sur Terre, ce n'est pas tant la destination qui importe qu'une vie vécue pleinement à chaque étape du voyage, dont seul le cœur est guide. Mieux vaut donc être heureux durant le voyage ! De toute manière, tout est déjà accompli… La grâce vous est déjà accordée. Il ne vous reste alors qu'à vous abandonner à la seule autorité directrice qui soit, votre divine présence *Je Suis*, votre filiation à la Source suprême.

Acceptez-vous de monter à bord et de vous lancer dans l'aventure fabuleuse de votre voyage ascensionnel ? Êtes-vous prêt pour le décollage ? De toute évidence, l'amour est la clé et votre véritable nature. De toute évidence, l'unique ticket de passage est l'AMOUR !

Exercice : Sonder votre cœur

Dès à présent, arrêtez-vous quelques minutes. Syntonisez votre respiration avec le souffle universel. Posez les mains sur votre cœur. Laissez le silence grandir en vous. Sondez votre cœur.

Qu'a-t-il à vous transmettre ? Reposez-vous dans sa vérité du moment. Pouvez-vous entendre ses battements ? Soyez à l'écoute. Seul le silence vous permet d'entendre la vérité et les chuchotements de votre âme. Laissez l'amour œuvrer en vous. Puis, recevez de nous ce dont vous avez besoin, ici maintenant.

Invocation

Nous invitons la présence vibratoire de la Mère primordiale, l'âme mère des origines, la Grande Déesse.

Nous invitons la présence vibratoire de toutes les Mères divines incarnées et de toutes celles qui œuvrent dans les autres plans.

Nous invitons la présence vibratoire des Maîtres Marie et Myriam ainsi que la présence de la Déesse Isis. Nous appelons leur conscience et leur rayon lumineux respectif :

Le faisceau bleu argenté de Marie

Le faisceau rose-or de Myriam

Le faisceau rose orangé d'Isis

Nous invitons la présence vibratoire et la conscience unificatrice et initiatrice de toutes les Déesses, femmes de ce monde.

Nous invitons la déité féminine au cœur de chaque homme.

Nous appelons le feu créateur de vie en chacune de vos matrices énergétiques.

Première partie

CHAPITRE I

Une période de transition exceptionnelle

Vous êtes entré dans la spirale évolutive, la phase irréversible où tout est attiré dans la force du vortex ascensionnel afin de créer un nouvel espace de création. Vous êtes au centre de ce grand déploiement, au cœur même de l'ascension à revendiquer votre héritage divin et à manifester le plus vaste potentiel de la conscience humaine.

Dans cette période épique de transition, tout conspire vers de profonds changements. Les vieux schémas et les anciens paradigmes s'effondrent les uns après les autres. Tout ce qui a été dissimulé sciemment se dévoile progressivement. Ce processus s'accélère de façon exponentielle depuis quelques années. Le mouvement accéléré de la lumière pénètre et percute toutes les sphères. Tout vole en éclats ! Tout se fissure ! Maintes conditions sont présentes pour que la Terre et l'homme empruntent l'ascenseur divin. De puissants portails de l'intraterre et du cosmos ne cessent de s'ouvrir et de créer d'importants canaux de lumière pour votre planète et votre système solaire. Tout contribue à élever la barre fréquentielle de l'humanité. Chaque portail offre une palette impressionnante d'occasions pour qu'elle émerge à ses plus vastes potentialités et à son plus haut degré de quotient lumineux. Pour vous, c'est une invitation à ouvrir votre cœur, à parcourir humblement les sentiers de votre vie et de l'initiation. C'est une invitation à affirmer un grand OUI à la Vie ! L'afflux de lumière est constant. Vous n'avez qu'à vous laisser porter par le flot du courant, le flot de la Vie Une, et à abandonner les résistances à votre lumière puisque tout est déjà accompli.

Remerciez-vous. Vous êtes une âme courageuse, sortie de sa zone de confort. Vous avez fait le choix conscient et amoureux d'évoluer sur la voie sacrée. Vous apprenez l'art de naviguer dans des eaux agitées contre vents et marées. Vous êtes mis à rude épreuve. C'est un exploit à coup sûr ! Un passage exigeant avec des secousses intenses qui vous demandent de la rigueur, de la détermination, un sage discernement, de la vigilance, de la patience, de la flexibilité, de la résilience, de la sagesse et surtout beaucoup de bienveillance et de compassion envers vous-même. Votre courage et votre persévérance sont hautement révérés par toutes les légions terrestres et célestes. Vous n'êtes pas seul. Vous êtes divinement guidé. Cessez de craindre d'être submergé. Avec un mana puissant, vous êtes en force et invincible, tel un guerrier de lumière. Abandonnez-vous au gré des vagues d'énergie lumineuse. Vous êtes dans la marée montante. En faisant le choix conscient d'embrasser le changement et de quitter l'attraction de la tridimensionnalité, le labyrinthe des illusions, vous vous ouvrez inexorablement au portail qui conduit à la fréquence cristalline, soit à l'unité retrouvée du Christ féminin et du Christ masculin en votre Cœur Un. Vivre dans la conscience christique, c'est accepter de tout voir avec les yeux du cœur. En tant qu'aspirant à l'initiation, dans une remarquable cocréation universelle et dans une profonde respiration à l'unisson, vous soutenez l'élévation de la dernière pierre avant que la pyramide ne soit achevée.

Le processus est irréversible

Le processus ascensionnel de l'heure et l'accession à la conscience multidimensionnelle ne sont plus le lot exclusif de mystiques isolés ou de groupes d'élus comme ce fut le cas dans certains pans de l'histoire de la Terre. Par exemple, à l'époque atlante de l'âge d'or, bien que le potentiel de conscience ait atteint des niveaux d'une magnitude exemplaire, seule une cohorte d'initiés a maintenu un niveau supérieur exceptionnel. Cette fois-ci, l'humanité entière ainsi que le corps et la conscience de Gaïa vivent une ascension de leur fréquence vibratoire.

N'envisagez pas cette période cruciale et déterminante comme une punition du ciel. Au contraire, c'est une occasion inouïe de vous affranchir de vos chaînes contraignantes et de la conception séparatiste du courant dominant pour vous ouvrir à un état expansif d'unification. Les défis que vous rencontrez ne sont en réalité que de grands enseignants qui aiguillonnent votre évolution. Un temps incroyable pour célébrer vos pouvoirs cocréateurs et faire briller votre plus belle lumière individuelle et collective. Vous avez le pouvoir de faire une différence, tous ensemble réunis. Vous avez aussi le pouvoir d'orienter amoureusement et lumineusement la trajectoire des changements actuels. Des choses inimaginables vous arrivent. Vous êtes dans une envolée lumineuse, car vous retrouvez votre état souverain d'âme en incarnation. Un nouveau printemps planétaire qui s'offre à vous par l'éclosion des premiers bourgeons au parfum de renouveau. Les vents forts du changement soufflent avec intensité et transforment les racines mêmes de votre réalité humaine. Profitez de cette grandiose opportunité pour avancer chaque jour dans quelque chose de nouveau, si petite et banale soit l'expérience. C'est ainsi que vous éveillez progressivement de nouvelles voies neuronales dans votre cerveau.

Pouvez-vous imaginer la grandeur et le Sacré de cette métamorphose d'une envergure sans précédent, si divinement orchestrée, une véritable naissance individuelle et planétaire ? Permettez-vous de traverser humblement et consciemment ce corridor exceptionnel pour votre existence et pour l'humanité. Le noyau de la planète pulse de plus en plus rapidement. Son mouvement influence sans contredit votre champ électromagnétique et celui de la Terre, et impacte toute vie. C'est une grande révolution cosmoplanétaire, qui, certes, a des conséquences pour votre planète, l'humanité, et l'ensemble de votre système solaire et de la galaxie. Avez-vous remarqué combien la cadence est intense et soutenue ? Vous pénétrez dans le vortex ascensionnel vous donnant parfois la sensation d'être pris dans un véritable tourbillon. Toutes vos expériences vous semblent plus concentrées et plus intenses. Tout et tous tentent de s'harmoniser aux nouvelles fréquences supérieures. Serez-vous partenaire de cette évolution ?

Sans aucun doute, vous êtes entré dans une phase exceptionnelle d'expérimentation issue d'un grand mouvement d'expansion cosmique. N'est-ce pas là le processus cyclique naturel de toute vie : naissance, mort et renaissance ? Vous avez vécu l'achèvement de la fin de plusieurs cycles majeurs en 2012 et le début d'un nouveau soleil. L'issue de chacun de ces cycles a provoqué une accélération exponentielle du temps qui, elle, a engendré un certain chaos, jusqu'à la création de nouvelles fondations pour la naissance d'un nouveau paradigme. Selon l'ordre de l'univers, le temps est rompu de cycles dont l'issue de chacun génère d'importantes perturbations, voire des cataclysmes majeurs afin de libérer une nouvelle énergie et d'amorcer un autre cycle. De nombreuses étoiles du cosmos ont vécu ce passage chaotique de transition pour l'accession à une dimension de fréquence supérieure. À l'heure actuelle, les présences lumineuses de réalités parallèles sont un levier incroyable pour votre processus ascensionnel. Vous êtes à l'aube d'une véritable naissance planétaire où l'humanité guidée et éclairée par la guilde des Maîtres et de toutes les hiérarchies célestes et intraterrestres se fait offrir l'opportunité d'accoucher d'une conscience expansée et d'un cœur compatissant. Le processus actuel de transition fait partie du Grand Plan divin et est régi également par des lois cosmotelluriques. On vous rappelle que l'univers dans lequel vous baignez est un vaste ensemble hautement organisé où la Connaissance circule librement. Tout ce qui existe évolue par cycles. C'est une norme universelle dans les évolutions planétaires. Les planètes, les systèmes solaires, les galaxies et les univers n'échappent pas aux cycles naturels du mouvement de la vie et des saisons. Ils naissent, meurent et renaissent à l'infini. Ce passage est des plus cruciaux parce que l'humanité et la Terre elle-même préparent leur ascension.

Maintenant, oubliez les dates, les mois et les années, car tout cela fait partie de la structure du temps linéaire de la troisième dimension. Tout se passe ici maintenant dans votre ouverture à accueillir et à incarner les énergies ascensionnelles jusque dans la moindre de vos cellules. Il convient de vous réjouir pleinement. Saluez et bénissez cette profonde mutation de la conscience humaine individuelle et collective. Réjouissez-vous, car le cœur de Gaïa et le cœur de l'univers pulsent avec intensité tout leur amour vers vous. Bien sûr, cette période d'activité cosmique intense avec d'importantes perturbations électromagnétiques et climatiques est fortement exigeante sur plusieurs plans. C'est une véritable catharsis individuelle et collective. Souvent, vous vous sentez bousculé et balloté par le fil des événements. Vous avez l'impression que le temps se dérobe à une vitesse vertigineuse. Et vous avez raison. Le temps effectif se transforme à une allure fulgurante. Vos journées de vingt-quatre heures vous semblent de plus en plus courtes. La vitesse de rotation du noyau de la Terre s'accélère et la fréquence vibratoire du champ magnétique de votre planète s'amplifie. Ce qui affecte votre propre champ magnétique et transforme votre conscience du temps linéaire segmenté propre à la tridimensionnalité. Vous êtes entré dans la spirale ascendante de l'intemporalité, ne l'oubliez point. Vous prenez de l'altitude ! Et l'humanité aussi ! Tournez votre regard vers l'intérieur et vers les hauteurs tout en calibrant au quotidien votre ancrage à la Terre. Incarnez la stabilité dont votre humanité a besoin. Et restez dans la force de votre verticalité. Désormais, vous vibrez au rythme même des battements de cœur de Gaïa dans son mouvement ascensionnel. Vous avez atteint le point crucial d'irréversibilité.

L'humanité crie son besoin de changement

Vous vous demandez pourquoi ce processus transitionnel est nécessaire. Si ce n'est que pour éviter le pire... Votre humanité est dans un tournant majeur. D'ores et déjà, vous saviez que la trajectoire devait être modifiée, car l'humanité se dirigeait vers un mur avec tous les fléaux et les situations délétères qui l'affligent. Qui plus est, l'ignorance et la violation des lois fondamentales de vie ont conduit l'humanité dans une telle pauvreté spirituelle ! Votre humanité souffre d'une grande faim cosmique, car la lumière est vitale pour l'homme et toute forme de vie. Vous sortez de millénaires d'un âge sombre de répression et de dualité. D'un côté, vous avez des humains qui vivent dans l'opulence et l'excès ; de l'autre, des humains sombrent dans le désespoir et la misère. Le fossé ne cesse de s'élargir par la polarisation de ces deux extrêmes. Contemplez ce qui est. Contemplez le chaos qui sévit sur votre planète. Contemplez l'état piteux de la nature et ses poumons amazoniens qui peinent à respirer. Partout, les éléments se déchaînent. Contemplez la relation de l'homme à lui-même, à ses frères, à la vie, à la Terre et au cosmos. La probabilité que l'homme s'écrase sous le poids de la vieille énergie duelle se fait de plus en plus grande. L'humanité crie son besoin de changement. L'humanité a un urgent besoin de s'aligner et de spiritualiser la matière pour prendre de la hauteur. Vous n'avez plus le temps de vous empêtrer et de vous conforter dans vos repères sécurisants et illusoires, ni de vous laisser berner par le chant des sirènes. Le mur s'écroule… Mais tout n'est pas perdu. Une nouvelle voie se dessine.

Vous êtes au cœur d'une métamorphose d'envergure que vous ne pouvez nier. Vous êtes au cœur du changement et vous êtes aussi *le* cœur du changement. Tout se joue en vous. Tout dépend de vous. C'est vous qui décidez maintenant. Le processus de transition n'est pas fixé dans le temps ni dans ses modalités. Il évolue au rythme de l'expansion de la conscience humaine. Dorénavant, faites place à votre nature véritable et au mouvement de vie qui pulse en vous, le feu créateur brûlant de la Déesse. Exprimez librement et pleinement tous vos pouvoirs sacrés. Vous ne pouvez laisser vos résistances repousser impunément le mouvement naturel de la vie. On vous rappelle qu'il est impossible de vous édifier harmonieusement vers le haut sans une fondation solide bien plantée en terre. Sinon, votre édifice risque grandement d'être bancal et de s'effondrer au moindre coup de vent. Votre avenir sera ce que vous en ferez et selon les choix faits par l'humanité. Vous avez littéralement le pouvoir de créer le Nouveau Monde par votre semence individuelle et collective. D'innombrables possibilités s'offrent à vous. Vous êtes face à un choix.

CHAPITRE II

Un moment extraordinaire de choix

Vous êtes maître de votre réalité personnelle. Vous êtes libre de maintenir une structure d'autodestruction ou d'aller vers un mouvement de restauration et de lumière. Vous détenez le choix de vos créations. Que choisissez-vous ?

Que choisissez-vous ? Vous êtes face à un choix. Remettre votre pouvoir à des scénarios de peur nourris par des dirigeants, qui, sous le choc de la divulgation, veulent vous détourner de votre chemin lumineux en instillant le doute et la méfiance dans votre esprit ? Évidemment, ils opposent (et opposeront) une forte résistance aux changements. Que choisissez-vous ? De faire éclore ce qu'il y a de plus beau, de plus grand, de plus vrai et de plus noble en vous et de partager vos créations lumineuses avec tous vos semblables dans une offrande inconditionnelle ? D'émerger à votre plus haut potentiel quantique afin d'éveiller votre ADN divin cristallin et de vous révéler aux énergies du Maître en votre cœur multidimensionnel ? Tous peuvent choisir de manifester leur plus belle lumière. Quelle occasion formidable pour créer de nouvelles fondations et vous engager véritablement dans une pratique spirituelle profonde ! C'est un moment incroyable de choix. Nous vous le redemandons : que choisissez-vous ? Votre âme n'a-t-elle point fait le choix d'expérimenter cette période de grâce, ce passage unique et remarquable ? Alors, si tel est votre choix, vous vous ouvrez à l'extraordinaire. Le saviez-vous ?

Dans cette ère de collaboration mondiale et interdimensionnelle, vous avez la possibilité de choisir d'évoluer en synchronie avec la grande famille humaine et avec tous vos frères des réalités parallèles. L'humanité se voit retirer des voiles d'isolement. Elle traverse le portail de transition menant du visible à l'invisible, de la matière à la lumière. Unissez votre vibration unique à celle des mondes de tous les plans et aux vibrations des esprits de la nature. Vous n'êtes point seul. Le cœur rassemble ! Que choisissez-vous ? Chaque âme est libre de l'évolution ou de l'involution de son parcours. Chaque âme choisit de rester ou de quitter le plan terrestre. La liberté consiste à poser ses choix en pleine conscience et en pleine présence. Cela demande un engagement et exige de faire part d'une responsabilité accrue et d'un sage discernement. La souveraineté est l'essence même de l'âme, une loi immuable de l'univers. Pure étincelle divine, l'âme est libre et possède sa propre oscillation vibratoire. Telle une étoile rayonnante, elle descend sur Terre pour expérimenter et briller. Ainsi, personne ne vous piège dans un scénario fixé d'avance dont l'issue est prédéterminée. Votre âme choisit un lieu, une famille et des parents par principe d'attraction énergétique, selon ce qu'elle entend accomplir. S'incarner est un acte profond d'humilité pour l'âme. Néanmoins, au fil de ses incarnations, elle a le pouvoir de changer sa trajectoire à n'importe quel moment. Et même lors de sa descente vers la Terre, l'âme peut choisir de rebrousser chemin. Aujourd'hui, à l'heure de cette intense période d'évolution, votre âme a librement choisi d'expérimenter la transition et l'initiation dans cette flambante montée en lumière.

L'illusion de liberté

C'est le personnage terrestre qui est emprisonné et enclavé sous les affres de la dualité et des méandres de sa personnalité. Il croit souvent naïvement que le sentiment de liberté ne tient qu'au fait de diriger sa vie comme il l'entend, à la complète réalisation de ses rêves et au pouvoir d'agir quand il le veut. Ce sont de vieux dictats de l'ancienne matrice duelle. Quand vous êtes dans la peur, vous n'êtes point libre. Quand vous jugez, vous n'êtes point libre. Quand vous doutez de votre lumière, vous n'êtes point libre. Quand vous baignez dans la culpabilité, vous n'êtes point libre. Quand vous ne prenez pas soin de votre corps, vous n'êtes point libre. Quand vous vous laissez mener par vos pulsions et vos appétits, vous n'êtes point libre. Quand vous nourrissez des attentes, vous n'êtes point libre. Quand vous ne prenez pas la responsabilité de vos actes, vous n'êtes point libre. Quand vous dites et faites ce que vous voulez, et quand vous le voulez sans vous soucier d'autrui, vous n'êtes point libre. Quand vous transgressez les lois de vie, vous n'êtes point libre. Libérez vos chaînes, vos attachements, vos dépendances et tous les engrammes qui vous emprisonnent et masquent votre nature fondamentale. La liberté est l'alignement parfait sur tous vos pouvoirs sacrés. Seul l'être souverain est libre ! Seul l'être en harmonie avec les lois de la création est libre ! Seul l'être qui a pardonné est libre ! Seul l'être éclairé est libre ! La vraie liberté intérieure procure un champ de respiration plus ample et illumine votre vie. La liberté vous reconnecte à votre divine présence *Je Suis*, à vos pouvoirs spirituels et à la conscience d'amour. Dès lors, ce n'est plus vous qui décidez, seule votre conscience christique a autorité. Que sa volonté soit faite !

Vous détenez toujours le choix de vos créations. Bien sûr, vous êtes influencé par l'histoire unique de votre âme et son manteau karmique. La famille, l'environnement, l'égrégore collectif, le champ énergétique de la planète ainsi que les champs électromagnétiques du Soleil, de la Lune et de votre galaxie ont aussi une incidence sur votre parcours. Vous évoluez de concert avec l'ensemble de la création et ses lois fondamentales. Chacun de vos pas a une incidence sur l'ensemble. En tant qu'électron libre, vos pensées, vos paroles et vos actions influencent les autres. Vous êtes tous unis par la matrice et vous avancez dans le flux courant de vie. *Inlak'esh*, vous disent les Mayas, ce qui signifie : *Je Suis un autre toi. Tu es un autre moi. Je te reconnais*. Cette salutation traduit bien l'esprit d'unité et de connexion avec l'univers et toutes les sphères dimensionnelles. Là où il n'existe plus de séparation. En vous mettant en phase avec le processus d'ascension, vous libérez par voie de résonance un plus grand nombre de potentiels pour le collectif. Tout est intrinsèquement relié sur votre belle planète bleue. Vous êtes tous connectés par le treillis du vaisseau Terre. Quand vous êtes dans votre alignement, vous vous harmonisez naturellement avec la création et l'intelligence universelle. Quelle sera votre contribution ? Car vous avez le pouvoir de créer en partenariat avec la Terre et l'univers. C'est l'évolution et la vie elle-même qui vous donnent l'impulsion de créer. Quelle voie choisissez-vous d'emprunter ? Tout est parfait. Il n'y a pas de fautes. Vous êtes libre, totalement libre !

Certes, des personnes réfutent toute idée d'un possible changement de conscience et de l'émergence d'une Terre magnifiée tandis que d'autres n'arrivent pas à supporter les changements fréquentiels qui s'opèrent. D'autres personnes encore résistent, accusent, se rebutent et pensent que c'est encore une autre chimère. Elles préfèrent rester à la périphérie dans leur illusion de séparation et d'amnésie spirituelle. N'étant pas habituées à de hautes fréquences, plusieurs personnes affichent déjà une attitude de démission et de réaction ou encore deviennent obsédées par un besoin excessif de sécurité. Qu'elles le veuillent ou pas, le processus d'ascension est bel et bien enclenché. Des individus peuvent être mentalement réfractaires au changement, mais ne peuvent passer à côté de la mutation cellulaire, énergétique et vibratoire.

Les élus et les exclus

Croyez-vous sincèrement que toutes les personnes non initiées quitteront inévitablement le plan terrestre ou qu'elles verseront dans la folie à coup sûr? De votre regard éveillé, l'humanité serait-elle alors divisée en exclus et en élus? Y aurait-il des humains supérieurs à d'autres? D'ores et déjà, comment pouvez-vous être convaincu que les personnes qui évoluent actuellement dans ce que vous nommez inconscience ne feront-elles pas le saut dans trois mois, trois ans, trente ans? N'oubliez pas la force du processus actuel collectif universel et de l'égrégore lumineux qu'il crée autour de vous et de la planète. Ce dernier peut influencer de façon magique une conscience fermée, ouvrir un cœur blessé, créer une importante expansion et réjouir l'âme d'un malheureux. L'ouverture engendre l'ouverture. Mû par un mouvement plus grand que soi, l'être peut rebondir rapidement. La force magnétique du cœur unie au potentiel vaste de la conscience humaine engendre des miracles. Savez-vous que le cœur humain génère le plus fort champ magnétique de votre corps? Savez-vous que son langage fait réagir instamment le champ énergétique de la Terre et celui d'une âme en souffrance? Visiblement, c'est ce que vous appelez un miracle! Ne connaissez-vous pas des personnes devenues célèbres qui, soudainement, ont été foudroyées par un éclair divin, touchées par la grâce, et dont la vie a basculé incessamment? La science quantique a prouvé à maintes reprises que les consciences et les cœurs humains unis en grand nombre interfèrent positivement sur le champ magnétique de la Terre et amplifient généreusement sa fréquence vibratoire. L'union produit un champ de force extraordinaire et crée une contamination positive. Ainsi, un grand brasier d'amour peut allumer l'étincelle du cœur le plus meurtri de votre planète. Il se crée alors un effet multiplicateur. Chaque pensée bienveillante que vous projetez s'amplifie sous l'effet de la résonance.

Vous pouvez certes extrapoler et faire des prédictions qui, elles-mêmes, sont basées sur des probabilités liées à l'expérience passée. L'avenir vous appartient et est en grande partie le reflet de vos décisions présentes et de votre réalité énergétique. Le futur est une cible malléable en mouvements perpétuels. En présence de toutes les effusions lumineuses actuelles, le fait d'envisager les choses du point de vue du temps quantitatif linéaire est limitatif et vous éloigne de votre réalité multidimensionnelle universelle. Il est de votre pouvoir de vous affranchir du passé et de choisir consciemment de générer un cours lumineux à l'humanité, ici maintenant. À la vitesse à laquelle voyage l'énergie et compte tenu de l'augmentation du rythme vibratoire des individus et de celui du corps de Gaïa, tout est possible ! N'en doutez point ! Rentrez en votre cœur pour découvrir au centre de votre sanctuaire un chapelet de perles de foi. Et si des obstacles se présentent, ils ne sont en fait que des invitations à cultiver encore plus la foi. Que choisissez-vous, le doute ou la foi ? Sur quelle fréquence vos intentions s'alignent-elles ? Sur la peur ou sur l'amour ?

Pour toutes ces personnes qui hésitent à choisir leur lumière et qui demeurent fortement attachées à l'ancienne matrice, devenez un éclaireur. Et continuez de défricher la voie en conscience sans coercition ni force. Dans une action bienveillante et respectueuse de leur rythme, insufflez-leur de la lumière et du courage. Ne faites point la bêtise de mettre en exergue un groupe en particulier ou encore de vous considérer comme supérieur et meilleur. Ce serait de la récupération par l'orgueil spirituel. Vous êtes le dépositaire de la même étincelle divine. Il n'y a ici aucun favoritisme. Vos conditionnements, vos croyances obsolètes et vos schémas involutifs peuvent vous morceler intérieurement et vous faire souffrir, mais jamais ils n'abîment votre essence véritable. En tant que personne éclairée, vous ne pouvez extraire ces individus de leur souffrance, mais vous pouvez leur montrer le chemin avec humilité, bienveillance et compassion. Chacun fait selon son degré d'évolution et avance selon son histoire singulière. Chacun est doté du libre choix de remonter le long de la spirale d'évolution ou de la descendre. Quand une personne s'élève dans l'Arbre de Vie, elle se rapproche de son plus haut potentiel et de la Source suprême. Si elle choisit de descendre le long de la spirale, elle se densifie dans l'illusion de l'ancienne matrice. Traversez chaque étape du processus évolutionnaire en vous réjouissant et en remerciant cette grande opportunité de vivre un bond de géant. L'ascension est une vérité universelle à laquelle vous ne pouvez échapper... Relèverez-vous le défi ou cèderez-vous au moindre obstacle ? Manifesterez-vous tous vos pouvoirs ? À moins que vous ne choisissiez de vous cramponner à votre illusion de sécurité, de fermer votre cœur et de nier votre potentiel immense. Vous êtes libre !

Un réveil collectif

À l'heure actuelle, il y a un nombre suffisant d'humains éveillés à leur énergie créatrice (principe féminin) pour propulser et activer le mouvement ascendant de la conscience (principe masculin) et faire jaillir la lumière au cœur de l'humanité. Nombreux sont ceux qui ont choisi en toute conscience de passer le seuil de la vie terrestre à la vie sacrée, celle qui élève l'âme, afin de ne plus sombrer dans les structures caduques et contraignantes du passé. Une soif d'authenticité, d'impeccabilité et de vérité s'installe. Les travailleurs spirituels mettent en œuvre le changement afin de dévier la trajectoire duelle empruntée depuis des éons. Ils ne peuvent plus être dupés et refusent d'obéir aveuglément au courant dominant/dominé. Que vous le vouliez ou pas, vous êtes aspiré dans le puissant vortex de la spirale ascendante, l'accomplissement du Grand Plan. Vous êtes soulevé par le flot de lumière qui inonde votre système solaire et votre galaxie. Or, des facteurs humains, planétaires et cosmiques sont en jeu. Il suffit qu'un groupe accède à un niveau supérieur de conscience pour se rapprocher de la masse critique et basculer dans un nouveau paradigme. Désormais, le processus d'ascension est irréversible.

Votre humanité est vraiment mûre pour qu'une Nouvelle Terre fondée sur des valeurs du cœur émerge. En tant que cocréateur et partenaire avec l'univers, comment souhaitez-vous contribuer à la manifestation collective de la Nouvelle Humanité et du plus haut potentiel humain ? Et, si personnellement, vous aviez le réel pouvoir de faire une différence ? Les portes du Nouveau Monde s'ouvrent à vous. Le Nouveau Monde, c'est vous ! Vous en êtes le jardinier de lumière et le gardien puisqu'il naît d'abord à l'intérieur de votre cœur. En tant que pionnier de la nouvelle conscience, vous contribuez au Grand Œuvre de lumière, l'*Opus Magnum*, en suivant les traces de tous les instructeurs spirituels qui ont sillonné votre belle planète. Ne ressentez-vous pas une connexion profonde avec ces grands initiés et avec tous les idéaux incarnés de la Nouvelle Humanité émergente ? N'êtes-vous pas de plus en plus conscient de votre pouvoir d'union et de vos capacités d'orienter amoureusement et lumineusement les changements actuels de la Terre ascendante ?

Soyez un phare qui éclaire par vos éclats cristallins et inspirez le sentier de ceux qui ont choisi le statu quo. Soyez dans votre rayonnement. Puis, quand le moment sera venu, des personnes apercevront votre flamme et allumeront la leur. Et si certaines vacillent et plongent dans des déséquilibres importants tandis que d'autres en grand nombre quittent le plan terrestre, leur choix ne vous appartient pas. Vous n'êtes pas responsable ni de leur chemin ni de leur choix. Et la lumière ne condamne jamais. Vous êtes libre ! Vous êtes tous libres ! Que choisissez-vous ? Êtes-vous prêt à faire le saut ?

CHAPITRE III

Un véritable saut quantique

Tout se joue à l'instant. Tout dépend du quotient de lumière de l'humanité. Le potentiel est infiniment vaste. Le ciel s'ouvre pour vous sur Terre. N'êtes-vous pas ici pour révéler la lumière de votre étoile ?

Le temps nécessaire pour effectuer la transition et vibrer dans une conscience ascendante dépend de vos choix individuels et collectifs, ici maintenant. Des potentialités infinies existent pour l'actualisation du Grand Plan. Si toute l'humanité s'alignait sur l'énergie d'un immense cœur conscient et compatissant, l'ascension pourrait se faire en un claquement de doigts. Toutefois, nous ne souhaitons pas vous faire miroiter un scénario improbable à l'heure actuelle. À l'instar de la date pivot du 21 décembre 2012, où tous les regards furent tournés, n'ayez pas trop d'attentes d'un renversement majeur à une date précise. Ne nourrissez pas non plus des peurs face à une éventuelle catastrophe apocalyptique. Le 21 décembre 2012 fut le marqueur du début symbolique du Nouveau Monde. La convergence de la fin de plusieurs cycles majeurs fut une véritable évolution – ou révolution ! – cosmoplanétaire dont l'énergie a culminé lors de cette fenêtre temporelle. En quelque sorte, cette date fut un point de référence du calendrier maya, d'une précision inégalée, qui a servi à vous situer dans le continuum spatiotemporel et vous a permis de mieux saisir les cycles de la conscience ascendante.

Or, il est vrai d'affirmer que le jour magique du 21 décembre 2012 vous a permis de participer à une énorme manifestation collective de votre plus haut potentiel humain, vaste et inépuisable. Un nombre exceptionnellement élevé de personnes se sont rassemblées partout sur la planète. Ce mouvement fédérateur s'est inscrit dans un terreau fertile avec la force des énergies qui ont été déployées et des éclats de lumière qui ont brillé en ce jour mythique d'un nouveau soleil, d'une nouvelle histoire. Une journée où la conscience humaine s'est élevée et a affecté positivement la grille énergétique de la planète. Vos cœurs et vos consciences réunis ont fait trembler de joie le cœur d'émeraude de Gaïa. Cet événement spirituel et cosmique unique a réveillé la mémoire de votre nature multidimensionnelle, une vérité fondamentale et intemporelle. Les Anciens vous ont transmis que l'achèvement de plusieurs cycles majeurs a marqué le retour de l'harmonie universelle, le grand cercle de la vie, où seul l'amour est l'autorité directrice. Selon le terme maya, l'humanité a franchi toutes les étapes jusqu'à la maturité, les niveaux des inframondes pour rejoindre l'inframonde de l'intemporalité, là où l'humain accède aux plus vastes horizons de la conscience.

Tout se joue ici maintenant

Tout se joue à l'instant. Les intentions que vous émettez, les pensées que vous nourrissez et les choix que vous actualisez maintenant, individuellement et collectivement, sont déterminants pour l'avenir de la planète. Le potentiel de manifestation est incontestablement plus grand et plus rapide que jamais auparavant. Déjà, des êtres éclairés et de hauts lieux de la planète vibrent sur la bande de fréquence de la cinquième dimension. Dans certains secteurs d'activité et certaines régions du globe, des changements définitifs s'installent de façon progressive, mais dans d'autres cas cela se fait de façon plus brutale. De toute évidence, une métamorphose profonde est essentielle pour l'humanité. Des changements doivent s'opérer dans toutes les sphères de vie ainsi que dans vos relations à vous-même, à vos frères et dans vos relations à la Terre, à la vie et à l'univers.

De nombreux émissaires de tous les mondes vous ouvrent la voie vers la reconnaissance et la reconnexion à votre intelligence universelle. L'accueil de vos frères de l'espace constitue à l'évidence un saut quantique dans votre évolution et ne peut que générer un cours lumineux pour votre humanité. Tous les portails des dernières décennies ont pour but de favoriser l'expansion de la conscience humaine. Ils sont une voie accélérée de guérison et d'évolution. Tandis que les cristaux atlantes sont réactivés sur le plan éthérique et dans la matière, l'être en éveil prend conscience progressivement de sa propre fibre cristalline et de ses origines stellaires. Les émissaires de tous les plans participent à votre éclosion ascensionnelle. Tel un cadeau de l'univers, vous vous rapprochez du ciel. À leur tour, les Maîtres ouvrent en continu des portails d'initiation pour la progression de votre quête intérieure. Ils orientent leurs interventions et leurs enseignements de manière à favoriser votre évolution et à enclencher l'initiation. Les Maîtres sont des guides et des catalyseurs, mais vous seul prenez la responsabilité de votre périple et de son rythme. Le noyau de la planète pulse sa vibration cristalline vers vous tandis que le cœur du cosmos vous inonde d'une pluie vibratoire aux mille éclats adamantins. Gaïa elle-même vous soutient dans votre processus de mutation et fait tout en son pouvoir pour faciliter votre parcours. Et votre processus d'expansion amplifie aussi le sien. Tous œuvrent ensemble dans un grand partenariat universel. C'est le Grand Œuvre de lumière en action !

Et si cette tempête, dans le sens littéral du terme, n'avait pour but que de stimuler l'énergie créatrice de votre propre feu solaire et de favoriser l'éveil incessant à votre famille d'étoiles ? Reconnaissez instamment vos origines stellaires et votre potentiel de cocréation en partenariat avec l'univers. Vous êtes un soleil en puissance ! Vous êtes une étoile qui brille sur Terre ! Vous avez choisi de retrouver votre vérité universelle et vos pouvoirs multidimensionnels. N'est-ce point la raison de votre passage ici-bas que de révéler la lumière de votre étoile et de vous déployer dans des créations inspirantes et lumineuses ?

Dans un premier temps, le passage à la conscience de la cinquième dimension se vit dans le creuset de chaque cœur, selon le rythme de chaque personne, ses sensibilités et son histoire. Ce parcours initiatique est individuel. Puis, vous ressentez l'inspiration à unir vos forces à celles de vos semblables et à offrir au monde vos créations les plus lumineuses. La qualité de votre présence se raffine. Le cœur rassemble et vos unions propulsent d'autres individus dans leur mouvement ascensionnel. Ainsi, vous passez du moi personnel au mode transpersonnel, là où l'ego s'efface pour faire place à plus grand, à plus vaste. Votre regard s'affûte. Dès lors, vous vous considérez comme un humain dans une perspective globale universelle. Vous ressentez le besoin imminent de participer au monde et d'y apporter votre précieuse contribution. Vous aspirez à vivre des expériences d'union et vous embrassez l'univers entier. Vous vous sentez de plus en plus interpelé par une grande force et commencez à vous unir à l'ensemble de l'humanité. Progressivement, votre conscience s'élève dans les sphères supérieures, où le *je* fusionne avec le *nous* universel. Les frontières s'abolissent entre les deux, car il n'y a plus de séparation. Le *je* et le *nous* se fondent. Vous êtes désormais uni à tout ce qui existe dans le champ unifié de conscience de la Source Mère-Père. Vous êtes en harmonie avec la création, guidé par l'intelligence cosmique.

Rappelez-vous que votre éveil spirituel et votre parcours sacré de guérison et de transmutation stimulent les autres à sortir du coma collectif. De la même façon, quand vous envoyez de l'énergie à un endroit précis du corps, l'action agit sur l'ensemble. Ce principe s'applique autant à l'individu qu'à la collectivité. L'individu qui se révèle à sa lumière influence la collectivité ainsi que le cosmos. Son niveau vibratoire influence celui de la planète et de l'humanité, car vous évoluez tous sur la même grande toile. C'est la seule réalité qui soit. Vos sages Mayas vous diraient que la lumière individuelle manifestée fait briller encore plus le firmament et les étoiles ! Ainsi, vos actions inspirées par de claires intentions ont une portée incommensurable. Elles sont une invitation pour d'autres personnes à vibrer sur une fréquence supérieure et à recouvrer leurs propres pouvoirs sacrés d'âmes en incarnation. Puis, l'effet d'entraînement produit un gigantesque saut quantique qui ouvre à plein régime les vannes de l'ascension. Le rayonnement engendré par le processus initiatique d'éveil individuel et collectif inspire ainsi d'autres personnes à franchir le seuil à leur tour. Selon la tangente du moment, une transformation majeure pourrait s'opérer d'ici deux à trois générations approximativement. Mais, nous le répétons, cela dépend de chacun de vous et de l'élévation de votre fréquence vibratoire. Tout peut évoluer rapidement. C'est la seule réalité qui existe hors du temps linéaire de la troisième dimension. Voilà un scénario qui doit vous réjouir ! N'oubliez pas que vous êtes un guide dans cet ascenseur divin. Vous êtes un passeur de lumière, un éclaireur !

Le monde se lève : une poussée irrésistible

Observez combien la sève créatrice, l'élan de vie, se réactive magiquement au cœur de chaque être et au cœur de l'humanité. Voyez ces jeunes de tous les coins du globe qui se lèvent dans la rue et veulent changer le monde. Révoltés, dans un premier temps, ils ont besoin de crier l'étouffement de leurs retenues et de revendiquer leur liberté de citoyens de la Terre. Ils n'acceptent plus qu'on réprime leurs libertés fondamentales et opposent manifestement leur désaccord. Ils sont poussés vers des pensées et des idéaux fondamentaux. Des activistes pacifiques, des écologistes et des indignés revendiquent la vérité ainsi que des conditions de vie plus saines, plus harmonieuses et plus viables. L'heure est à la révélation et à la transparence. L'homme du peuple réclame désormais la vérité. Un vent de libéralisme souffle au cœur de l'humanité vers des choix plus éclairés pour un nouveau foyer d'inspiration et de création. Les consciences s'enflamment ! Ce réveil collectif du peuple a un effet catalytique et en entraîne d'autres dans le sillage de la transformation et de l'évolution. Ces jeunes adultes ne sont-ils pas stimulés par l'afflux constant de particules lumineuses qui déferlent sur votre planète ? En tant qu'artisans de la Nouvelle Terre, la poussée irrésistible de leur âme confirme irrémédiablement que le processus est enclenché et irréversible. Hors de tout doute, ces personnes en éveil se sentent inspirées par la présence indéniable de l'Âme féminine les poussant à éclore à leurs pouvoirs de cocréation et à ensemencer la Terre de graines de paix et de compassion.

L'ensemencement des énergies du Divin Féminin

L'ensemencement actuel des énergies du Divin Féminin renforce chez l'humain la présence à ses pouvoirs créateurs et stimule le feu catalyseur du champ énergétique de la matrice d'ascension de Gaïa. C'est l'appel implacable du féminin en votre matrice énergétique qui retentit haut et fort avec le désir ardent d'œuvrer à la lumière. Or, cet ensemencement favorise aussi la régénération tissulaire du cœur de l'humanité et le dégagement des voies utérines de la Terre pour son élévation. La conscience et l'émanation de haute fréquence de la vibration de la Déesse Mère inondent la planète de son fluide de guérison et de l'Âme féminine aux effluves de sagesse. Les eaux divines de la Mère, les eaux cosmiques de la création, ont été libérées pour faciliter la libération de vos charges émotionnelles et karmiques ainsi que la transmutation de tous vos fluides intérieurs. Tous les fluides sont en mouvement ! Un grand nettoyage s'impose en vous et sur la planète. Vous êtes dans un puissant délestage afin de faire place à une nouvelle matrice lumineuse qui, elle, favorisera un accouchement en douceur et en fluidité. Vos eaux doivent être purifiées de leurs mémoires ; c'est essentiel avant que vous soyez catapulté dans les hautes sphères et que vous retrouviez l'unique vérité quantique de toutes vos potentialités d'âme en incarnation.

Jamais auparavant, l'homme et la femme se sont sentis aussi interpelés dans les profondeurs de leur corps, de leur cœur et de leur âme. La venue de la lumière grandissante et de la conscience unificatrice des ambassadrices Marie-Isis-Myriam et de tout le collectif du Féminin sacré marque inévitablement un parcours initiatique de guérison, de réparation et d'élévation. Telles des sages-femmes, elles préparent la mise en œuvre d'une nouvelle naissance et sèment des graines de compassion et de paix. Facteur clé de création, ce parcours propulse l'actuelle montée en lumière par le feu du dragon qui aspire le corps de lumière vers la force magnétique du magma des entrailles de la Terre. Ce flux solaire de nature chaude et pénétrante est fin prêt à se déployer en vous dans sa force vive et dynamique. C'est ce feu qui nourrit et impulse la montée en lumière. Vous ne pouvez plus nier ni taire votre nature ignée. C'est la force d'attraction du dragon et celle de la Déesse du feu qui magnétisent les forces galactiques et le corps de lumière afin que ceux-ci s'enracinent solidement dans la forme humaine pour votre ascension. Dorénavant, il est essentiel pour l'humanité de considérer une place de choix de l'expression féminine pour atténuer l'excédent de masculin. Le féminin n'est ni supérieur ni meilleur que le masculin ; il *est*, tout simplement. Vous rapprocher de votre nature féminine est primordial à l'heure actuelle pour favoriser le retour à l'équilibre sacré. C'est une question de balancier. C'est le féminin qui porte en sa matrice les lois de vie et les codes-germes de l'humanité nouvelle. Sa qualité vibratoire est un ferment essentiel pour générer un courant lumineux à la planète en voie d'ascension. (Voir *Féminin sacré actualisé, Marie-Isis-Myriam*, de la même auteure, Éd. Ariane 2012.)

En ces temps mémorables, la planète appelle à des projets unificateurs, des projets guéri-*SŒURS*. Dans le passage crucial qui s'opère, les femmes et le féminin sont un moteur essentiel à l'évolution, une clé pour rouvrir les cœurs, pour stimuler l'énergie créatrice, transformatrice et unificatrice. En tant que mères du Nouveau Monde et gardiennes de la Terre, les femmes – et le féminin – jalonnent le parcours exceptionnel de votre humanité. Les femmes portent dans leur utérus les codes matriciels de la Déesse et de la Mère Terre. Elles sont des *ensemenceuses* de la Nouvelle Humanité en résonance holographique avec l'énergie de la Mère divine. Dorénavant, les femmes doivent amorcer des rassemblements entre elles pour unir leurs forces, se guérir, nourrir leur reconnaissance personnelle et se célébrer. Se réunir pour leurs créations lumineuses et soulever en elles leur plus haut potentiel spirituel. Pour faire entendre la voix de la Déesse et la faire résonner dans tout le cosmos. Pour restaurer l'ordre divin et les lois de vie. Pour veiller à la beauté et à l'harmonie. Pour être les gardiennes du temple et les femmes médecine. Pour rayonner en ce monde. C'est la célébration du retour au cœur de l'être et à sa grotte sacrée qui vient éclairer l'obscurité dans laquelle l'humanité est plongée.

Le féminin initie

La religion a usurpé aux femmes – et au féminin – leurs pouvoirs sacrés. Pourtant, de tous les temps, combien de femmes furent de grandes initiées et de grandes initiatrices? C'est le féminin qui véhicule la sagesse des lois de vie. C'est le féminin qui est l'initiateur à l'heure de ce réveil collectif pour que le Grand Plan de l'humanité nouvelle s'actualise en harmonie avec tout le vivant. Ce sont les femmes qui ont le rôle d'initier les hommes à reconnaître et célébrer la part de féminin en eux pour recréer l'équilibre sacré. En quelque sorte, chaque individu doit accepter d'ouvrir sa coupe lunaire pour accueillir l'épée solaire et retrouver sa réelle identité universelle. Nombre de sociétés actuelles ont perdu leur reliance à la vie et à l'espace sacré du ventre, la grotte des sources créatrices. L'humanité est en quête d'une guidance éclairante. La planète appelle à des solutions inspirées, créatives, nuancées et respectueuses de sa nature profonde.

Dans un premier temps, les femmes sont conviées à réparer leur féminin blessé, à s'honorer et à donner de la valeur à ce qu'elles sont véritablement. En guérissant les blessures de leur ventre-sexe, parallèlement, cela facilite le dégagement du ventre de la Terre. Elles doivent intégrer et célébrer leurs pouvoirs lunaires et solaires de femmes chamanes, créatrices, guérisseuses et amoureuses. Célébrer aussi leurs pouvoirs de femmes sacrées, de femmes sages et initiatrices. Inspirées par des intentions lumineuses et guidées par la sagesse vivante et vibrante de la Déesse, elles ont besoin de se regrouper en conscience et de s'honorer pour créer des actions communes et humanitaires en offrande à la planète – et au féminin.

Le transit de Vénus et la Sororité de la Rose

Dans les dernières décennies, un événement spectaculaire a été vécu lors du transit de Vénus. Ce transit fonctionne par paires sur un cycle de huit ans, et les derniers remontent au 8 juin 2004 et au 6 juin 2012. Le prochain transit aura lieu dans plus de cent années. Ce passage de Vénus devant le disque solaire a ouvert un puissant portail d'une descente massive d'énergies féminines solarisées, favorisant la restauration de ce principe outragé depuis des millénaires au niveau de la grille magnétique. Depuis longtemps, ce moment exceptionnel était fort attendu par les Mayas, particulièrement le dernier transit, celui de 2012, en raison de l'alignement galactique. De tous les temps, ce peuple a étudié religieusement Vénus à travers tous ses cycles et lui a accordé une importance capitale. Les Mayas, en union avec le cosmos, savaient que ce transit serait une occasion extraordinaire d'imprégner la conscience collective des énergies du Divin Féminin et de faire rejaillir la Sororité de la Rose au cœur de l'humanité.

L'énorme pouvoir de la sororité, cette appartenance à quelque chose de plus grand, ce lien infini avec le vivant et la Déesse, fut trop longtemps méconnu dans vos sociétés modernes. Lors du transit de Vénus en 2004 et 2012, des codes ont été réactivés pour permettre à nouveau l'éclosion de la Sororité de la Rose sur la planète. Ce vaisseau féminin de lumière refait surface après avoir été actif à l'époque d'Isis en Égypte ancienne et sous les Esséniens avec nous et notre sœur Myriam de Magdala, Marie Madeleine. Entre

Marie et Myriam se tient Isis, la Déesse reine qui vous invite à baigner dans la grâce de sa rose unifiée. La Sororité de la Rose et les cercles de la Rose constituent des semences de Vénus et de Sirius qui ont germé à l'époque de la Lémurie et de l'Atlantide. Durant cet événement séculaire, la planète Vénus est passée devant le Soleil, s'est nourrie de sa puissance et de son feu et a redirigé l'énergie de cette union vers la Terre. N'oubliez pas que Vénus, prénommée aussi *la belle Dame bleue* et *la Vierge* par les Anciens, préside à l'amour, à l'harmonie, à la beauté, à la paix et à la sagesse. La fréquence lumineuse du bleu porte la vibration de l'accomplissement, de la mise en œuvre de la Mère. Depuis des lunes, les Vénusiens hautement évolués ont franchi toutes les étapes de l'initiation. Ces consciences exceptionnelles éclairées par l'intelligence universelle vibrent dans la cinquième dimension et sont reliées vibratoirement à la conscience de la brillante Sirius et à la conscience des dauphins, des baleines et des abeilles. Vénus, sœur aînée de la planète Terre, est de toute évidence grandement impliquée dans la mutation de la conscience collective de Gaïa.

On vous rappelle les vertus magiques de la rose, une fleur hautement vibratoire et de sensibilité *yin*. Elle est la quintessence du cœur de la Mère et du Divin Féminin. Certains diront qu'elle représente aussi la beauté du sexe féminin, et ils ont raison. Les prêtresses du temple d'Isis vénéraient le sexe féminin comme la plus magnifique des roses. À l'instar du cœur humain, le sexe féminin est doté d'un très puissant vortex d'une énergie incommensurable. C'est également la force de ce vortex qui favorise l'accouchement dans le mouvement d'une lemniscate sacrée. Symbole intemporel et universel de l'Âme féminine et courant lumineux de Vénus et de Sirius, la rose est la médecine matricielle de l'amour grâce au puissant fluide de guérison, l'onde de vie, qui jaillit d'un cœur aimant et pur. Cette sommité florale représente la Fleur de Vie en puissance dont les émanations voguent dans l'éther et réjouissent tous les élémentaux. De tout temps, la rose a conquis vos cœurs et les a guéris. Sa qualité vibrationnelle et sa qualité fréquentielle d'une pureté incroyable en font un véritable chemin de guérison et une voie d'accès à la compassion et au pardon. La Déesse vous invite dorénavant à étaler gracieusement les pétales de votre rose et à offrir son parfum unique et sa force multidimensionnelle au cœur de l'humanité. Comme un extraordinaire levier, la présence du Divin Féminin inspire votre mouvement créateur unique depuis votre propre coupe matricielle et vous assiste dans votre ascension. Et vous, êtes-vous prêt à renouveler et affirmer votre vœu d'ascension ?

CHAPITRE IV

Renouveler et affirmer votre choix d'ascension

Le portail d'ascension naît d'abord à l'intérieur même de votre cœur dans une volonté noble d'engagement et d'alignement, une volonté et une impulsion à vous libérer des limitations de la forme et du personnage terrestre. Dès que vous prononcez votre vœu d'ascension, vous ouvrez grande la porte à une transformation majeure et à l'éveil de l'énergie de la kundalini.

Il n'y a rien de fortuit à votre présence ici-bas dans le passage d'exception que vous traversez. Déjà, depuis des éons, votre âme a exprimé clairement son choix d'être présente à la transition pour l'ascension de la Terre. D'un point de vue individuel, c'est un choix. Êtes-vous prêt à faire le saut ? Êtes-vous prêt à participer à ce processus majeur pour que le Grand Plan s'accomplisse ? L'ascension se produit un cœur à la fois, une conscience à la fois, propulsée par l'élan créateur de la matrice énergétique, votre matrice de gestation et d'enfantement.

L'intensité des déversements lumineux de tous les mondes et le mouvement ascensionnel mettent en lumière vos ombres personnelles, révèlent vos résistances et les éclairent. Tôt ou tard, vous devrez repousser vos limites, traverser vos eaux tumultueuses et transcender les énergies appartenant à l'Ancien Monde. Vous entrerez alors dans un important processus de déconstruction pour faire tomber les tours, mettre bas les masques et libérer les vieilles lignes du temps. Des défis colossaux se dresseront devant vous. Y verrez-vous la punition d'un dieu vengeur et l'aboutissement d'une apocalypse ? Allez-vous fermer les yeux et vous terrer dans votre illusion de sécurité ? Ou, au contraire, y verrez-vous une occasion exceptionnelle de contribuer au nouveau jardin d'Éden sur Terre dans la joie de la cocréation ?

En affirmant votre choix d'ascension, vous vous préparez à une mutation éminente. Qui plus est, vous acceptez de hausser votre taux vibratoire en franchissant une nouvelle porte fréquentielle, ce qui vous conduit à un intense réveil spirituel et à l'expansion de votre corps de lumière. Votre choix d'ascension est à la fois individuel et collectif. Individuel, parce que c'est uniquement vous qui décidez de votre parcours initiatique et de son rythme d'évolution, selon votre histoire, vos sensibilités et l'itinéraire de votre âme. Collectif, parce que vous êtes nombreux à faire le choix éclairé d'unir vos forces pour soutenir l'humanité dans son ouverture à une nouvelle conscience basée sur des valeurs d'amour, de compassion, de coopération et de solidarité. D'ores et déjà, vous savez que l'individualisme, la compétitivité, la performance et la consommation à outrance ne sont plus viables. Ces valeurs obsolètes ont été générées par un masculin blessé.

À l'heure de cette grande métamorphose planétaire sous l'affluence d'innombrables effusions lumineuses s'offre à vous une occasion merveilleuse de recouvrer votre pouvoir et devenir de plus en plus transparent à l'énergie de votre âme. Vous êtes intrinsèquement un être souverain. L'auriez-vous oublié ? Vous avez le pouvoir de changer. Vous avez le pouvoir de créer. Vous êtes le maître de votre vie, le maître de votre réalité personnelle. C'est vous, uniquement vous, qui pouvez choisir votre voie unique et l'accès ou non à votre souveraineté. Laissez la sagesse universelle et la vérité de votre cœur vous inspirer et guider votre parcours de la voie sacrée. Bien que vous soyez bombardé de faisceaux lumineux et de présences bienveillantes de tous les mondes pour assister la naissance planétaire, il vous appartient de choisir votre chemin d'évolution et votre rythme de croisière selon votre histoire unique et vos frontières personnelles. Personne ne peut choisir à votre place, ni votre conjoint ni même votre famille et encore moins les présences d'univers parallèles ou encore un Maître ascensionné – ce qui enfreindrait les lois divines premières. Vous pouvez choisir simplement de quitter le plan terrestre. C'est cela le pouvoir du choix, votre capacité à changer de trajectoire à tout moment. La vie n'est-elle pas elle-même en perpétuel mouvement?

Des transformations majeures de vos structures

Dès que vous prononcez votre vœu d'ascension, votre vibration se transforme instamment par l'émission de lumière. Car le choix d'ascension est aussi un choix d'alignement. Il serait plus juste de dire que le fait d'affirmer en conscience ce décret réactive un programme encodé en votre âme, puisque ce choix d'ascension, elle y a acquiescé jadis. Vous absorbez davantage de lumière et votre champ énergétique se laisse pénétrer plus aisément par les particules photoniques. Ces particules subatomiques de haute fréquence déferlent successivement sur la planète et créent des réactions jusque dans son noyau matriciel. Vous vous sentez happé et soulevé par ce flot de lumière qui vous inonde, affecte votre champ énergétique et secoue tous les niveaux de votre être. Dès lors, vos structures assises dans la troisième dimension s'effondrent et font place à une nouvelle réalité vibratoire. L'afflux constant de lumière vous fait passer par des phases de déstructuration et de restructuration. La tension entre vos zones d'obscurité et vos zones de lumière s'intensifie et crée de la turbulence en raison de la force de l'éveil et de la résonance lumineuse. Le temps nécessaire pour que votre corps et votre structure énergétique s'ajustent et calibrent les entrées de lumière peut susciter des désagréments et des états passagers de fatigue.

En s'incarnant en cette période charnière, votre âme a choisi consciemment de se hisser à un niveau supérieur et de vivre pleinement ce saut quantique personnel et collectif dans les retrouvailles de sa multidimensionnalité. Des couloirs accélérés d'évolution sont mis généreusement à votre disposition. L'ouverture à vos pouvoirs supérieurs vous offre un éventail de possibilités de communication, d'union et de création avec tous les plans. Vous éveillez votre atome divin et récupérez toutes vos fractales depuis la nuit des temps afin de créer le tissu unitaire du nouveau corps de l'humanité en partenariat avec tous les mondes. Votre potentiel divin quantique se réveille et vous intégrez de nouveaux codes de raffinement. Plus vous absorbez d'énergie photonique, plus des changements s'opèrent dans votre corps de chair vibrant et dans tout votre réseau énergétique. Vos chakras sont dans un important processus de transmutation et de permutation, car ils reprennent leur schéma originel. De nouvelles structures s'installent tandis que votre fréquence vibratoire augmente, ce qui génère progressivement un champ d'énergie unifié où tout se fond dans vos parts multidimensionnelles. Vous êtes dans une profonde mutation et une réorganisation cellulaire. Vos sens s'affinent et vos facultés prennent de l'expansion jusqu'à ce qu'elles deviennent un état naturel. Vous développez peu à peu une double vision et le regard que vous posez est plus pénétrant et plus profond. Vous pouvez observer une plus grande sensibilité à tous les stimuli intérieurs et extérieurs. En vous élevant dans la conscience christique, vos corps subtils émettent des éclats d'une lumière de plus en plus intense. Qui plus est, l'ensemble de vos chakras anciens et nouveaux en viennent à rayonner la gamme complète des couleurs du spectre. Rien n'est figé dans le temps, car vous êtes en évolution constante au rythme de l'expansion de la conscience humaine et de l'élévation de votre fréquence vibratoire. La lumière a le pouvoir de dissoudre progressivement les zones d'obscurité et d'opérer des miracles sur tous les plans de votre existence. Plus rien en vous ne peut être dissimulé. L'initiation s'enclenche jusque dans la profondeur de la cellule et comporte des changements notables dans vos glandes et vos fonctions neurologiques. L'élévation de la fréquence lumineuse affecte la chimie de votre cerveau. Les glandes pinéale et hypophyse, véritables antennes cosmiques de l'éveil, absorbent une quantité exceptionnelle de lumière.

On vous rappelle que l'expansion de la conscience est le déclencheur du processus d'ascension étalé dans le temps et l'espace. Ainsi, le choix conscient d'ascension élève votre quotient amoureux, votre quotient lumineux et réveille les codes dormants de votre ADN quantique. Votre champ vibratoire démontre une sensibilité aux intentions et aux énergies que vous véhiculez. Votre cellule se reconfigure par la nouvelle programmation et se calibre sur de plus hautes fréquences. Tout ce qui n'est pas en harmonie avec votre essence se révèle et vous emporte dans un puissant nettoyage cellulaire à tous les niveaux de votre être dans sa forme physique et sa forme subtile. Votre enveloppe de chair et votre structure énergétique évoluent vers une nouvelle configuration, une nouvelle réalité vibratoire dans le but d'assimiler de plus importantes quantités de lumière solaire. N'êtes-vous pas conçu à l'image du Créateur, à l'image du cœur de l'univers ? Dès lors, vous entrez dans un important processus intérieur de guérison et de transmutation de tout ce qui encombre votre parcours. Vos corps (physique et subtils) et votre vie sont éprouvés momentanément, car la force de la lumière intensifie les réactions dans vos zones de vulnérabilité. Vous êtes transporté hâtivement dans vos blessures en vue de transcender vos écueils. Vous entrez dans une importante déprogrammation cellulaire et un nettoyage profond de désimplantation de tous les schémas, toutes les croyances et les dépendances qui vous ont limité et emprisonné. Utilisez les difficultés comme des outils d'enseignement qui vous informent sur quoi vous devez focaliser votre attention, votre regard et votre lumière. Ce sont des occasions de plus pour libérer les voiles et vous révéler à votre plus haut potentiel divin. Vous franchissez la porte d'une métamorphose irrévocable vers un nouveau gabarit énergétique afin de pénétrer dans une conscience renouvelée et expansive.

Préparation pour votre vœu d'ascension

Débutez par un nettoyage de votre champ énergétique. Prenez de l'encens consacré ou de l'encens amérindien (sauge) et faites-le circuler autour de vous dans un mouvement en spirale. À défaut d'encens, vous pouvez utiliser de l'huile essentielle de lavande sous forme d'ablution autour de vous. Or, si vous n'avez rien de cela sous la main, tout est parfait aussi. Imaginez alors une pluie de pépites d'or qui se déverse sur vous et se répand dans tout votre champ énergétique.

- Allumez une bougie. Sa flamme est une offrande et un rappel de votre propre lumière solaire.
- Mettez quelques gouttes d'essence divine de rose ou de myrrhe sur votre chakra du cœur et d'essence d'oliban sur votre troisième œil et votre couronne. L'essence de rose vibre sur la fréquence d'amour de la Mère, tandis

que l'essence d'oliban vibre sur la fréquence spirituelle du Père. D'ailleurs, la gomme-résine servant à créer l'huile d'oliban ne provient que des arbres mâles. Quant à l'essence de myrrhe, elle porte la quintessence de Myriam de Magdala. Toutes ces huiles sacrées, ainsi que le nard, amplifient vos sens extraordinaires et vous propulsent à un autre niveau de conscience. Ces essences furent très prisées par Myriam et Jeshua lors de leur rencontre alchimique sur le plan physique et le plan vibratoire.

- Dirigez votre troisième œil et vos mains vers le ciel. Appelez l'énergie des plans supérieurs à descendre dans votre chakra coronal. Selon votre ressenti, invitez les présences lumineuses des anges, des archanges, de la Mère divine et de la guilde des Maîtres à vous assister dans ce rituel. Laissez-vous envelopper par leur vibration et leur lumière.
- Invoquez votre divine présence *Je Suis* et toutes vos multidimensionnalités.
- Installez-vous confortablement, les pieds bien ancrés au sol, dans la conscience de votre union sacrée à la Mère Terre. Déployez votre colonne vertébrale vers les hauteurs, la tête dans les étoiles, en reliance avec l'univers.

Formuler votre vœu d'ascension

Le vœu d'ascension est un engagement uniquement envers vous-même, une semence et un serment qui devraient vous mettre en joie et faire résonner le chant de votre âme dans toutes les cellules de votre corps. Formulez à voix haute votre claire intention à l'univers, car vos paroles ont un immense pouvoir et s'impriment, tel un sceau divin au sein de votre ADN et de la grille énergétique. La voix est le vecteur de votre cœur. Dès à présent, posez-vous les questions suivantes :

- Suis-je prêt à transcender ma nature humaine ?
- Suis-je prêt à favoriser mon plein éveil spirituel ?

Déclaration

Parlez à voix haute pour enraciner votre engagement conscient et affirmé jusque dans la cellule et pour faire vibrer votre chakra laryngé.

Par le pouvoir infini de ma divine présence, moi (prénom, nom), en mon âme, corps, cœur et conscience, je révoque ici maintenant tous les vœux, décrets, contrats, sceaux et serments du passé qui ne servent plus mon parcours évolutif.

Je fais le choix conscient et amoureux de renouveler mon vœu d'ascension dès à présent.

Je demande à recevoir les nouvelles programmations selon ma capacité d'assimilation.

Je demande que mon processus ascensionnel se vive en douceur et en fluidité.

Engagement

Je m'engage à œuvrer dans la lumière et pour la lumière.

Je m'engage à servir ma mission divine dans mon expérience humaine.

Je m'engage à œuvrer au bien de tous, aux intérêts de l'Un manifesté.

Je m'engage à soutenir l'ascension de la Terre et de l'humanité.

Je m'engage à respecter les lois d'harmonie universelle.

Je m'engage à laisser l'amour guider mon chemin.

Je m'engage à servir le Grand Plan divin de l'accomplissement.

Ancrage et sceau

Joignez vos mains devant le cœur, à l'écoute de ce qui se passe en vous. Avec vos index et vos pouces, créez un triangle de fréquence lumineuse bleu-or. Déposez ce sceau au-dessus de votre couronne. Puis, descendez-le alternativement et consciencieusement devant votre troisième œil, votre cœur et votre matrice énergétique (*hara*). Allez inscrire ce sceau directement sur vos pieds de l'incarnation. Puis, projetez le triangle vers la Terre pour ancrer votre action de lumière et la sceller dans la matière.

Complétez le rituel en joignant à nouveau vos mains devant le cœur et en exprimant à voix haute : *que toutes les nouvelles programmations et les sceaux soient décrétés, ici maintenant. Ainsi, ainsi et ainsi.*

Utilisez en conscience votre souffle divin le temps de trois respirations profondes avec suspension du souffle à l'inspiration pour accélérer l'intégration des vibrations et des fréquences nouvelles dans la cellule. Refaites les trois respirations complètes pour deux autres cycles.

Remerciez-vous avec amour et bienveillance. Rendez grâce aussi à toutes les consciences lumineuses qui vous ont accompagné.

Tout est déjà accompli.

L'éveil de l'énergie de la kundalini

Le fait d'affirmer votre choix d'ascension dans la claire intention et par les innombrables particules de lumière que vous absorbez peut éveiller l'énergie de la kundalini, en stimulant le réveil du serpent de feu lové en votre ventre-sexe. Ce serpent enroulé trois fois et demie sur lui-même surgit souvent de son sommeil de manière inopinée et s'élance à travers les nadis Ida et Pingala dans le canal central Sushumna. Ida, le nadi de nature féminine lunaire froide, amorce son parcours à la droite de la région sacro-coccygienne, le réservoir de vie de l'énergie créatrice, et s'élève dans un mouvement spiralé pour aboutir à la narine gauche. Ida irrigue le cerveau droit et le système nerveux parasympathique, stimule la créativité ainsi que l'intelligence corporelle et l'intelligence du cœur. Ce nadi féminin est relié à l'atlas, la première vertèbre cervicale. Quant à Pingala, le nadi de nature masculine solaire chaude, il commence sa descente à la narine droite jusqu'à la gauche de la base de la colonne vertébrale dans le plancher pelvien. Pingala irrigue le cerveau gauche et le système nerveux sympathique, stimule le sens de l'analyse ainsi que l'intelligence intuitive et l'intelligence rationnelle. Ce nadi masculin est relié à l'axis, la deuxième vertèbre cervicale. Dans leur course folle, Ida et Pingala progressent le long du canal et s'entrecroisent à chacune des stations des chakras majeurs dans une belle danse unitaire, car ces deux énergies sont indissociables et mues par la force du courant de vie. Cette œuvre alchimique en mouvement forme le schéma du caducée qui se dresse jusqu'au ciel de la conscience. Le déploiement de l'énergie de la kundalini conduit à un éveil spirituel dans sa plus haute intensité et sa plus haute expression.

D'un haut potentiel énergétique et d'une force vitale mystique inouïe, le feu brûlant latent de la kundalini se présente souvent à la suite d'un long entraînement et d'une pratique spirituelle assidue, voire rigoureuse. Dans la mouvance spirituelle de l'heure et sous la pression accrue de lumière, l'énergie de la kundalini se réveille et pousse vers les hauteurs. Le serpent peut se réveiller aussi lors de la rencontre avec un Maître, en présence d'un puissant lieu de pouvoir, durant une initiation ou un don de lumière *Shaktipat*. Il arrive que cette énergie se déclenche par surprise, comme un éclair ou de manière plus graduelle, puisque le bagage que transporte votre âme peut influencer cet intense réveil. Une poussée d'énergie de la kundalini provoque un important mouvement de purification et de transmutation dans le couloir axial des chakras, le canal vibratoire Sushumna, et révèle vos déséquilibres. Sur son passage, cette énergie foudroyante et régénératrice nettoie toutes les obstructions, tel un volcan en éruption. C'est un état de transcendance extraordinaire par la réunion des pouvoirs infinis de la Terre et du ciel, la réunion de l'énergie sexuelle et de l'énergie spirituelle magnifiées, d'une qualité exceptionnelle.

La kundalini constitue la puissance de vie à son paroxysme, la forme dynamique de l'énergie créatrice. Elle se manifeste sous la forme d'une intense vague de chaleur, une implosion de lumière de très haute fréquence qui entraîne des mouvements involontaires dans le corps. Elle amplifie tous vos sens et toutes vos capacités parapsychiques. C'est une force ascendante qui prend sa source dans les eaux sacrées de votre terre intérieure, dont l'énergie se meut par le pouvoir de l'amour. L'énergie lumineuse de la kundalini dégage un vaste potentiel d'énergie qui s'élance jusque dans vos chakras supérieurs et vous conduit à un état expansif de la conscience et à un éveil spirituel dans sa plus haute expression. Ce phénomène de transformation multidimensionnel vous procure un sentiment profond de reliance à l'univers et vous ouvre des portes jusqu'alors insoupçonnées. Sous l'action de l'intense lumière de la kundalini, vous expérimentez des éclats d'éveil, des éclairs de vision et une plus grande acuité de vos sens physiques, psychiques et parapsychiques. Au-delà de toutes les formes de manifestation qui peuvent surgir au cours de votre éveil, il n'en demeure pas moins que la kundalini est un incommensurable réservoir d'énergies qui active une profonde crise spirituelle. L'expression de cette énergie de force peut vous conduire dans des états transcendants et extatiques, des expériences mystiques de haut niveau et une expansion illimitée de la conscience.

Moments d'une pure bénédiction pour certains, mais véritables sources d'angoisse pour d'autres, l'éveil de la kundalini se manifeste de mille façons suivant l'histoire singulière de chacun et l'histoire de son parcours d'âme. Une personne non préparée laissée dans l'expectative et sans la connaissance de la force de la kundalini peut être terrifiée et entrer dans de profondes résistances à la suite de cette poussée de lumière, ce qui a pour effet de se répercuter sur son corps et sa psyché. Nombreux sont les symptômes physique, émotionnel, psychique, spirituel et énergétique qui peuvent surgir, d'autant plus si la montée se vit de façon brutale. Processus de nettoyage oblige… C'est la raison pour laquelle vous ne devriez jamais tenter de provoquer ce mouvement d'une quelconque manière. Le serpent sort de son sommeil quand l'énergie s'y prête. En Occident, l'ignorance entourant ce phénomène mystique, et pourtant bien réel, laisse de nombreuses personnes sans ressource. La médecine de demain et tout nouveau thérapeute se doivent d'inclure dans l'exercice de leur profession la connaissance de la kundalini dans le dessein d'accompagner adéquatement les personnes aux prises avec des symptômes souvent intenses et désagréables. Malheureusement, dans vos sociétés des personnes reçoivent parfois un faux diagnostic, tandis que d'autres peuvent se retrouver sur le chemin de la psychiatrie. Prenons l'exemple de notre messagère qui, à la fin de sa jeune vingtaine, a cherché longtemps auprès de la médecine classique pour comprendre ce qu'elle vivait. D'une consultation à l'autre, Lise a reçu le diagnostic de chutes de glycémie, d'épilepsie et finalement de dépression. Or, son principal malaise était la sensation claire qu'elle allait se consumer… Lise était entrée dans une profonde crise spirituelle sous le feu ardent de l'éveil de la kundalini.

Les symptômes de l'éveil de la kundalini

Lise : Dans ma pratique clinique, j'ai accompagné d'innombrables personnes aux prises avec des symptômes de l'éveil de l'énergie de la kundalini. Voici les symptômes principaux récurrents que j'ai répertoriés au fil de mes expériences. Cette énumération non exhaustive vous sert de guide en vous permettant d'accéder à un certain cadre de référence pour valider votre propre expérience. Vous reconnaîtrez plusieurs de ces malaises désignés également comme des symptômes d'ascension. Il est possible aussi qu'ils soient la conséquence d'un tout autre problème que l'éveil de la kundalini.

Symptômes physiques et physiologiques : mouvements involontaires dans le corps, spasmes, crispations, crampes, frissons ou chaleur intense, engourdissements, tremblements, démangeaisons, éruptions cutanées, maux de tête, pression forte sur le crâne et sur le troisième œil, tintements dans les oreilles, douleurs erratiques sur la colonne vertébrale et dans le cou, digestion difficile, diarrhée et nausée, palpitations cardiaques et sensation d'oppression ou de brûlure au cœur, difficultés de sommeil ou forte envie de dormir, libido intensifiée, sensibilité aux seins, changements dans le cycle menstruel et grande fatigue.

Symptômes psychiques et émotionnels : hyperactivité, confusion mentale, désorientation, difficultés de concentration, changement rapide de l'humeur, émotions exacerbées, morosité, sensibilité accrue.

Symptômes énergétiques et spirituels : sortie de corps et déracinement, déconnexion, visions mystiques, éclats d'éveil, rêves plus clairs, perceptions extrasensorielles nouvelles, acuité des sens.

Devant l'inconnu, il est sage de consulter à cet effet, tout en gardant l'accent sur une vision globale de votre être. Il existe un soin d'harmonisation énergétique* pour favoriser le dégagement d'obstructions dans le canal Sushumna et calibrer son énergie. Cette intervention permet une plus grande fluidité dans le mouvement de l'énergie du nadi central autant dans sa partie terrestre que dans sa partie céleste. La conscience aiguisée d'être un canal vibratoire ramène l'être dans sa nature spirituelle profonde et lui fait prendre de l'expansion. Sans un guide et sans la connaissance entourant le phénomène d'une montée de kundalini, toute personne n'est pas à l'abri de plonger éventuellement dans le désespoir, la dépression, voire la nuit noire de l'âme, une crise spirituelle de forte intensité. Surtout, ne restez pas seul dans votre traversée du désert. L'erreur la plus dramatique serait de vous isoler dans votre antre et de vous couper du soutien des vôtres et de votre famille d'âmes. Rappelez-vous que toute poussée d'éveil vous invite à élaguer le sentier de ses obstructions pour faire place à plus de fluidité et émerger à la lumière de tous vos pouvoirs spirituels.

* Les formations en harmonisation énergétique sont dispensées par Ahava international, tandis que les soins sont offerts par les membres de son équipe et les personnes formées par Lise Côté.

CHAPITRE V

La croix des Amériques et les mémoires sous-jacentes

Sous la fulgurance de lumière, partout les mémoires se soulèvent ! C'est un face-à-face explosif entre l'énergie de l'ancienne matrice et la force de l'énergie ascensionnelle, soulevant de puissantes charges karmiques du point de vue individuel et collectif. En raison du nouvel emplacement de la kundalini terrestre et de leur situation géographique particulière, les Amériques forment une véritable croix énergétique qui a une incidence sur le monde actuel et la nouvelle grille planétaire.

Les Amériques, circonscrites d'un côté par l'océan Pacifique et de l'autre par l'océan Atlantique, constituent une véritable croix énergétique, nord-sud dans son axe vertical et est-ouest dans son axe horizontal. Le rayonnement de cette croix crée de puissantes ondulations ayant un impact majeur sur l'ensemble de la planète. Retrouvez le véritable sens de la croix qui se traduit par l'union de la Terre et du ciel, l'unification du féminin et du masculin, de la mère et du père, de la lune et du soleil. La croix représente l'expression de la maîtrise, la perfection de la fusion et de l'union, le mariage alchimique de la verticalité et de l'horizontalité. Dans sa verticalité, ce symbole de la croix symbolise l'Arbre de Vie, l'être cosmique en incarnation, dans son épanouissement physique et spirituel. C'est une invitation à vous déployer de la Terre vers le ciel : la dimension terrestre féminine, votre énergie sexuelle, et la dimension céleste masculine, votre énergie spirituelle. Dans son horizontalité, la croix symbolise votre ouverture sur le monde et tous les mondes, ainsi que l'éveil de vos sensibilités compassionnelles, sororales, fraternelles et cosmiques par le portail de votre Cœur universel. Lorsque ce centre sacré est uni au potentiel infini de la conscience, l'être accède à tous ses pouvoirs multidimensionnels. La croix énergétique symbolise également la réunion de l'énergie lémurienne et de l'énergie atlante ainsi que la réunification de l'Aigle et du Condor.

Plusieurs lieux des Amériques sont désormais influencés par l'énergie de la kundalini terrestre qui dynamise les terres de ce long territoire. Leurs matrices lumineuses alimentent un système de veines énergétiques, de puissants courants de force, réalignant progressivement les champs vibratoires de Gaïa. De grandes colonnes de lumière servant d'antennes et de portails d'ascension sont réparties dans différents lieux hautement vibratoires des Amériques. Elles servent également de lieux de réception et de distribution des nouvelles fréquences. Le territoire maya se situe au centre de cette croix, à l'intersection de la ligne verticale et de la ligne horizontale. En tant que point focal, le cœur du cœur de toutes les directions de ce réseau énergétique, la vibration maya contribue à la réalisation de l'équilibre sacré sur cette terre. Ainsi, le pays maya joue un rôle majeur pour soutenir et nourrir l'artère principale nord-sud et l'unification de ces deux pôles, trop longtemps opposés.

Dans son axe horizontal, la croix relie l'océan Atlantique et l'océan Pacifique. L'océan Atlantique et toutes ses îles baignent dans l'énergie atlante, tandis que l'océan Pacifique et ses îles baignent dans l'énergie lémurienne. L'eau de ces deux océans véhicule un encodage supérieur quantique dont l'impact dans le monde est et sera significatif. L'eau porte la mémoire de la vie et de toutes vies et constitue un puissant vecteur d'informations et de codes. Les semences spirituelles et les codes-clés d'ascension de ces anciennes humanités éclairées ont été déverrouillés. Dans la mémoire de vos cellules et de vos eaux intérieures – et dans la mémoire collective – s'est imprégnée la trace du puissant rayonnement de ces civilisations prodigieuses, parvenues à un stade avancé d'évolution spirituelle et d'une ingéniosité stupéfiante, chacune à leur manière. Selon l'époque, ces deux consciences ont su manier tous les arcanes de la multidimensionnalité.

Le génie de Nikola Tesla

Avez-vous déjà songé à la raison pour laquelle un génie créatif et « branché » comme Nikola Tesla a été attiré à venir parfaire ses découvertes en Amérique ? Tesla avait une capacité inouïe à se connecter à la mémoire atlante de l'âge d'or et au grand réceptacle de l'Akash. C'était un voyageur invétéré de toutes les réalités parallèles. Bien avant son temps, cet ingénieur du ciel a compris les nombreuses forces en jeu dans l'univers. La communication avec ses frères des étoiles s'exprimait dans une grande fluidité, d'autant plus qu'il était lui-même un visiteur de l'espace incarné sur Terre. Il nourrissait quotidiennement le courant lumineux le reliant à la source infinie de lumière du cosmos, ce qui facilitait en lui la captation claire de la connaissance en direct des Intelligences supérieures. Les informations lui arrivaient en un flot ininterrompu, jour et nuit, sa seule difficulté étant de parvenir à assimiler tout ce qu'il recevait. Autant sa connexion avec les autres dimensions fut-elle remarquable, autant sa « déconnexion » des aléas du quotidien et sa difficulté dans les relations humaines furent une occasion pour ses dissidents de mépriser ses découvertes – et de le manipuler. En tant que personne surdouée et branchée, Tesla accédait ainsi à un immense savoir qui lui a permis de saisir la source inépuisable d'énergie libre au cœur de tous les univers. Il a compris d'emblée que cette énergie était soumise aux grandes lois de l'harmonie universelle. On vous a privé de ses nombreuses recherches innovantes sur l'électricité, l'énergie libre, les ondes scalaires et le cerveau quantique, parce qu'elles représentaient une menace pour d'autres chercheurs et le système capitaliste établi. L'ensemble de son œuvre a été tronqué, dérobé et dissimulé par le pouvoir militaro-politique en place. Fort heureusement, les découvertes de Nikola Tesla refont surface progressivement et vous accompagnent dans la levée du voile d'isolement.

Les courants océaniques et les croisements telluriques

Il existe d'importants courants océaniques et des croisements telluriques qui se font sentir sur le continent des Amériques et rejoignent à grande distance des îles aux empreintes riches de l'Atlantide et de la Lémurie, ces deux civilisations disparues. Il reste encore beaucoup à découvrir et à émerger du fond des océans. Du côté de l'Atlantique, une partie de Caraïbes ainsi que les archipels des Açores et des Canaries constituent des points pivots moins connus du chercheur spirituel. L'énergie d'anciennes pyramides atlantes et celle de cristaux sis dans le fond de l'océan ont un impact sur les différentes îles. Ces complexes pyramidaux et d'autres structures referont surface éventuellement. À titre d'exemple, si vous parcourez ces deux archipels, vous ressentirez la force des courants et les flux de vie créés par la sève rouge et chaude de la lave des volcans. Ils constituent de véritables cocktails d'onde de vie par la puissance du dragon de feu et par une faune et une flore remarquables. Ces îles comportent d'imposants sanctuaires de dauphins et de baleines, ces puissants ambassadeurs de l'amour calibrant et activant la nouvelle grille cristalline. À l'instar de l'océan Pacifique, l'océan Atlantique transporte la mémoire de cérémonies des Gardiennes des eaux sacrées, les *Porteuses d'eau*; des rituels alchimiques qui ont traversé le temps et les humanités. Les *Porteuses d'eau* nourrissaient une alliance sacrée avec les dauphins, les baleines et les abeilles, les considérant comme des rayons de lumière du Créateur sur Terre.

L'archipel des Açores, un chapelet de neuf îles volcaniques, se situe sur la grande dorsale médio-atlantique, ce qui lui confère un caractère unique, en plus de la variété de ses paysages époustouflants. Des geysers et sources minérales d'eau chaude curative et des piscines naturelles régénèrent le corps comme par magie. Vivre un périple sur ces îles réveille les codes-clés atlantes et vous propulse dans une profonde guérison des énergies de la «Grande Fracture». Quant à l'archipel des Canaries, il regorge aussi de joyaux vibratoires naturels qui ont gardé l'empreinte lumineuse des Guanches et des Atlantes. Une vue panoramique s'offre au pèlerin avec des dunes au blond à l'infini, des grottes mystiques, des falaises escarpées tombant dans l'océan et des paysages lunaires. Ces îles renferment des sites sacrés naturels très peu convoités qui représentent de puissantes antennes énergétiques. L'ensemble du territoire des Canaries dans ses sentiers moins fréquentés fait de ces îles un lieu extraordinairement vibratoire et empreint du passé. La force souterraine de ces îles éveille les mémoires atlantes chez la personne alerte qui choisit de s'ouvrir à une dimension plus grande et choisit de libérer une fois pour toutes la peur de la chute et de l'engloutissement. Ainsi, l'archipel des Açores et celui des Canaries représentent des lieux stratégiques dans l'ascension de la planète et de l'humanité, parce que toutes deux vibrent sur une octave supérieure et réactivent en vous la mémoire atlante.

Ainsi, les Amériques – et les océans qui les bordent –, stimulées par un éveil spirituel incessant dû à la présence de la kundalini terrestre dans l'hémisphère sud et par la puissance réunificatrice de la conscience maya, se révèlent un joyau dans l'avènement du Nouveau Monde. Encore faut-il que l'Aigle du Nord accepte désormais de s'harmoniser à ses pouvoirs féminins sacrés. Il existe une grille sur plusieurs niveaux dimensionnels à l'intérieur et à l'extérieur de la Terre. Cet important réseau est formé de canaux principaux qui se déclinent en d'innombrables chemins très fins comparables aux méridiens et aux nadis du corps humain. L'homme n'est-il pas à l'image de la Terre et de l'univers ? Le triangle énergétique de guérison et d'amplification pour l'Amérique du Nord joue un rôle capital dans la montée en lumière de ce continent : le mont Shasta (Californie, É.-U.), le mont Albert (Québec, Canada), et le territoire maya (Yucatán et Tikal, Mexique et Guatemala). Ces trois lieux de pouvoir constituent de très puissants vortex et des carrefours majeurs du réseau énergétique des Amériques. Des vortex munis de puissantes antennes qui reçoivent les énergies du cosmos et les redistribuent dans le réseau énergétique. Animés par une pulsion innommable, des gens viennent y séjourner parfois durant de longs laps de temps.

Le mont Shasta, Sedona et le Grand Canyon

Situé au nord de la Californie, au sein de la chaîne montagneuse des Cascades, le mont Shasta se définit comme un mégacomplexe énergétique faisant partie des sept vortex majeurs de la planète et reconnu comme le plus puissant d'Amérique du Nord. Il constitue un maillon fondamental de la grille unitaire cristalline de la planète. Du haut de ses 4 322 mètres, ce double volcan s'impose comme un lieu de pouvoir naturel. Sis dans un environnement exceptionnel, il jouit des plus pures énergies telluriques et de nombreux portails stellaires. La qualité vibratoire remarquable de ce temple à ciel ouvert lui confère un rayonnement de haute fréquence. Il est un lieu de passage, une porte ouverte où transitent plusieurs Maîtres. Hôte en Terre creuse d'un refuge (la cité de Telos), lieu de vie de présences hautement évoluées de l'ancienne Lémurie, le mont Shasta abrite en son cœur un imposant et puissant cristal qui vous livre la clé d'une sagesse atlante sur une terre de souche lémurienne. Le périchamp énergétique de cette enceinte s'étend sur plus d'un millier de kilomètres vibrant dans la force éclairante de son essence adamantine et d'innombrables particules solaires. Les particules lumineuses y circulent en quantité et en qualité à travers une immense colonne lumineuse propulsant l'ascension. Imaginez une intense pluie de lumière dorée qui se déverse sur les pèlerins qui marchent sur ce territoire. L'environnement du mont Shasta magnétise littéralement la personne et lui procure aussitôt une sensation d'équilibre dans un état profond d'unité.

Théâtre de phénomènes inexpliqués et entourée d'une aura de mystère, la montagne sacrée demeure un haut lieu spirituel et chamanique extrêmement convoité. Quand vous touchez à la terre de cette montagne sacrée, elle s'imprègne dans vos cellules et la montagne vit à jamais en vous. Reconnues internationalement par les scientifiques, plusieurs sources d'eau cristallines nourries par les forces féminines souterraines du serpent-dragon sont réparties sur le territoire. Ces eaux aux vertus curatives véhiculent un encodage supérieur quantique. Elles régénèrent puissamment le corps de chair et activent les corps subtils et la matrice énergétique. Le champ magnétique de Shasta et la double spirale de son mégavortex pulsent à une haute fréquence et attirent des personnes de tous les coins du monde et de toutes les allégeances qui, inévitablement, ressentent l'appel d'y revenir régulièrement. En communication avec d'autres matrices lumineuses de la planète, dont celles des monts Albert et Bugarach, nous y avons implanté une matrice d'ascension. Sa fréquence lumineuse est celle du bleu saphir. L'énergie de ces matrices du Divin Féminin crée un champ de conscience et un champ de force unifiés vous permettant de ressentir le pouvoir d'attraction du dragon souterrain. Ces matrices de création constituent des points d'ancrage majeurs pour la création d'une Nouvelle Humanité, tels des embryons ensemencés de graines spirituelles et de codes-clés d'ascension. Elles touchent les lieux et les êtres sur un très long périmètre, générant un immense anneau doré. Ce cercle aux couleurs de l'or solaire pulse sur la note christique et encercle l'enceinte de chacune de ces matrices. L'œuvre colossale des travailleurs de lumière dynamise et nourrit le champ énergétique de ces anneaux dorés sis dans tous les lieux de la planète où des matrices de création et d'ascension ont été implantées. Le pèlerin qui s'y attarde peut ressentir réellement ces structures propres à la cinquième dimension servant de support et de plateforme à l'éveil spirituel de l'humanité et à son ascension.

Shasta est vénéré depuis toujours par les communautés amérindiennes locales, les *gardiens de la Terre*, qui affirment que la montagne est habitée par le Grand Esprit et protégée par l'Aigle du Nord. Par leurs prières, ces tribus locales aspirent à une ère de paix et au retour du cœur de la colombe, au retour de la Dame Bison blanc. À l'instar de cette partie de la Californie où se dresse le mont Shasta, les royaumes du Grand Canyon et de Sedona constituent des lieux hautement vibratoires, des réceptacles spirituels qui propulsent l'ascension de la Terre. Ce sont de véritables générateurs d'énergie cristalline qui logent en leur sein des royaumes de l'intraterre. La présence accrue de nos énergies de Mère et du collectif du Féminin sacré englobe tout ce territoire de l'Ouest américain, particulièrement dans les entrailles bénies du Grand Canyon.

Le mont Albert et les Chic-Chocs

Vieux de plus de 490 millions d'années et remarquable réservoir énergétique, le mont Albert se situe dans le massif des Chic-Chocs, à l'est de la chaîne des Appalaches, en plein cœur de la péninsule gaspésienne, au Québec (Canada). Son sommet aride présente une particularité unique avec un plateau d'une altitude de 13 km carrés couvert de toundra. La cime offre une vue époustouflante qui transporte les pèlerins dans une élévation vibratoire sans pareil et les dynamise. Lieu de pouvoir le plus puissant du Québec, avec un puissant cristal en sa Terre creuse et un vortex doté d'une spirale ascendante, le mont Albert est relié à plusieurs points satellites, dont le mont Mégantic, un portail interdimensionnel connu, l'hôte de présences pléiadiennes depuis fort longtemps. Les Chic-Chocs se composent d'un environnement montagnard unique et somptueux, de rivières cristallines, de chutes et de l'immensité de la mer. Véritable joyau énergétique naturel, cette terre vivante et vibrante pacifie le cœur et favorise la communication avec les esprits de la nature en abondance. Le mont Albert et la chaîne de montagnes des Chic-Chocs forment un vaste territoire faiblement peuplé avec de grands espaces sauvages aux qualités géologiques, géographiques et énergétiques uniques. C'est un véritable sanctuaire naturel qui bénéficie des plus pures énergies telluriques et abrite une faune et une flore remarquables aux empreintes de cérémonies autochtones millénaires. Celui qui y entre en ayant les sens affinés et le cœur ouvert peut entendre le son des tambours ancestraux qui se marient à la pulsation du cœur de cette terre féconde.

Au pied du mont Albert, les énergies en place soulèvent chez l'être un sentiment profond d'allégresse et une plus grande stabilité. C'est le feu du dragon de cette terre chamanique et un réservoir important d'énergies féminines qui activent le feu intérieur du pèlerin et éveillent sa pulsion créatrice vitale et son onde de vie. Ce lieu est un autre important point d'ancrage de nos énergies de Mère. Sa matrice lumineuse dans la Terre creuse en communication avec d'autres matrices de création de la planète ainsi que ses courants telluriques créent un champ de force extraordinaire. Une personne avertie peut percevoir facilement l'ondulation vibratoire de cette matrice qui se décline sous forme de multiples petits cercles concentriques luminescents. Par sa mission spirituelle, le territoire costaud du *Kébec* d'aujourd'hui exerce un fort ascendant pour l'évolution de l'humanité. Assise sur une vaste plateforme cristalline vivante et des sites chamaniques ancestraux, l'immense terre du *Kébec* trace une voie à l'ascension et demeure un pivot central de l'éveil de la conscience et une base solide pour ancrer les énergies d'une Nouvelle Humanité. Avec plus d'un demi-million de lacs, des rivières gigantesques partout et l'imposant fleuve Saint-Laurent qui le traverse, le *Kébec* offre l'élément eau à profusion. L'eau est la source primordiale de toute vie, une onction purificatrice et curative aux pouvoirs fécondants qui transmet le flux sacré matriciel. L'eau se révèle un vecteur important de communication et de réconciliation. D'ailleurs, par son histoire, le *Kébec* ne véhicule-t-il pas les énergies de l'alliance sacrée ?

Le pays maya

Le cœur des Amériques fut l'hôte d'une civilisation très évoluée, celle des Mayas, qui ont gardé vivant le riche héritage de leurs ancêtres et ont maintenu un contact soutenu avec les civilisations extraterrestres. Gardien du savoir immense du clergé atlante, le peuple maya veille à conserver vivants le précieux héritage des civilisations de jadis et celui des visiteurs de l'espace. Une faction des Mayas a su décoder avec brio la fine technologie des crânes de cristal, archives vivantes d'un savoir intemporel transmis par les Atlantes et leurs alliances avec leurs frères galactiques. Une grande partie de ce savoir universel reste à découvrir pour l'évolution de l'homme du troisième millénaire et l'ascension de la planète. Les Aînés mayas sont fréquemment les initiateurs de cérémonies visant à restaurer l'équilibre de la Mère Terre. Porte-étendards de la paix, des tribus locales d'Anciens alimentent un feu ininterrompu symbolisant la purification et la pacification. Ce feu est nourri par la force or universelle de *Hunab Ku*, le Grand Soleil central, duquel toute énergie émane et retourne dans un mouvement perpétuel, comme une grande respiration. Cet immense territoire forme le cœur des Amériques qui contribuera à la réunification de l'Aigle du Nord et du Condor du Sud.

Le peuple maya, peuple du Soleil, s'est frayé un chemin à travers les millénaires dans un décor naturel et diversifié. Des lieux de pouvoir où règne une vibration vivante d'authenticité et de présence, à l'image des descendants de ce peuple. De la jungle féconde à l'immensité de la mer de corail s'étendant à perte de vue sur l'est du territoire, vous pouvez apercevoir des sites cérémoniels, des pyramides et des temples majestueux érigés ici et là tout le long de cette terre sacrée. Les archéologues ne sont pas au bout de leurs découvertes. Des trésors tout aussi sophistiqués que ceux des sites déjà connus se cachent toujours sous l'épaisse couche de végétation de la jungle. Des codex mayas et d'autres complexes pyramidaux seront révélés ultérieurement. Le territoire maya, particulièrement la péninsule yucatèque, est un réservoir d'énergies féminines qui vous ouvre les portes des entrailles de la Mère Terre avec ses milliers de grottes et de cénotes aux eaux purificatrices. L'eau transmet le flux de vie, le souffle sacré. Marcher dans les pas des Mayas et des autres peuples indigènes laisse dans le cœur du pèlerin une trace indélébile et soulève les empreintes de civilisations uniques dont la beauté et la richesse du passé se conjuguent au présent.

Gardiens du temps et remarquables visionnaires, les Mayas ont fait une incroyable percée en élucidant brillamment le mystère de l'évolution de l'accélération du temps par leur vaste savoir concernant les différents cycles, et ce, au-delà de 2012. Selon leur compréhension, la fin simultanée de cycles majeurs imbriqués enclenche l'ascension planétaire, la fin de l'Ancien Monde et le début de l'âge d'or solaire de la paix et de la sagesse où vous accédez aux plus vastes horizons de la conscience. L'arrivée d'un nouveau cycle fait littéralement exploser la dernière phase du cycle précédent. À chaque nouveau cycle, l'évolution se fait de plus en plus rapide, vingt fois plus que dans le cycle précédent, avec des pics d'intensité vibratoire. À l'instar d'autres civilisations qui ont traversé le temps, les Mayas avaient une facilité inouïe à interpréter le langage des étoiles et ont su marier avec élégance la spiritualité et la science en calculant le temps avec une précision stupéfiante et en sacralisant chaque instant de vie, de la naissance jusqu'aux semailles.

D'autres couloirs énergétiques

Des couloirs énergétiques d'importance relient vibratoirement divers points de pouvoir des Amériques. Par exemple, les Chic-Chocs, par l'intermédiaire du mont Albert, sont des montagnes en reliance avec le mont Shasta et Hawaï. Ces deux derniers lieux sont des mégaportails vers l'intraterre et de puissants réservoirs de l'énergie lémurienne. Un autre couloir réunit le mont Albert, le territoire maya et l'île de Pâques. Le Québec, le Brésil et la France forment un triangle d'amplification qui catalyse l'avènement d'une humanité cristalline. Un autre triangle d'amplification est constitué cette fois par le territoire maya, l'île de Pâques et les Andes chiliennes. De plus, les énergies féminines de trois matrices d'envergure d'une grande vitalité énergétique propulsent le mouvement ascensionnel des Amériques : le lac Titicaca (Pérou et Bolivie), le lac Atitlán (territoire maya, Guatemala) et le lac Tahoe (Californie, É.-U.). En tant que points lumineux de la planète, ce sont tous des réservoirs énergétiques aux particularités distinctes.

L'ouverture spirituelle que démontrent de nombreuses personnes évoluant en Amérique sert, et servira, d'inspiration à une grande partie de l'humanité. Plusieurs mouvements d'éveil seront initiés sur les traces de peuples indigènes qui ont marqué l'Amérique et protégé les connaissances venues d'ailleurs : les peuples rouges (Amérindiens) et les peuples du Soleil (Incas, Mayas, Aztèques, etc.). Pionniers majeurs du mouvement évolutionnaire planétaire actuel, les lieux énergétiques de pouvoir des Amériques, dotés de remarquables vortex, en plus du champ énergétique déployé par la force de l'énergie de la kundalini terrestre, auront un impact significatif sur le monde et serviront de catalyseurs à l'ascension. Qui plus est, ce continent fait office de nouveau centre de puissance spirituelle et demeure une plateforme d'accueil incontestée pour les présences d'autres dimensions. Tout se tient ! En raison de la restauration de la part féminine de sa grille magnétique, l'Amérique du Sud, déjà forte en énergie vitale par la force du feu du dragon dans ses entrailles, contribuera grandement à l'harmonisation de l'humanité et de la planète dans le respect et la célébration de la Mère Terre.

Le nouvel emplacement de l'énergie de la kundalini terrestre confère à l'Amérique du Sud une position de choix dans la montée en lumière actuelle et stimule une forte croissance spirituelle de ses terres chamaniques et guérisseuses. La présence de cette force souterraine stimule un éveil important chez les populations et dans toutes les sphères de vie. L'avenir prend corps en Amérique du Sud. Cette poussée entraînera dans son sillage de nombreuses contrées oubliées de la planète. Plusieurs des sites sacrés de cette partie du continent, dont le puissant portail du lac Titicaca, le désert d'Atacama et le joyau amazonien, constituent des points révélateurs de la trame énergétique de la planète et de son nouveau système circulatoire. En tant que foyer de la kundalini terrestre, l'Amérique du Sud n'est-elle pas aussi l'hôte de plusieurs fameuses cités d'or ?

Lors de l'intense portail du 12 décembre 2012 (12-12-12) et de la méditation mondiale du 21 décembre 2012 (21-12-12), il y a eu un important déverrouillage de deux puissants cristaux atlantes enfouis au fond de l'océan qui ont été réactivés par les consciences des univers parallèles et par toutes vos intentions lumineuses. Cette réactivation a créé l'ouverture d'un vortex magnétique d'une puissance considérable dans la matrice Eau et a généré un champ de force extraordinaire pour la planète. Source Mère initiale de toutes les alchimies et de toutes les potentialités, l'eau constitue un vecteur d'envergure qui transporte les mémoires. Ainsi, la position des Amériques bordées par des océans favorise la reconnexion avec l'Akash du passé. Qu'en ferez-vous ? Un tremplin d'évolution ou un obstacle infranchissable ?

Lien avec la France et le bassin méditerranéen

Or, un lien profond de cœur et un lien énergétique unissent le Québec (mont Albert) et la France (mont

Bugarach). En plus de leur alliance naturelle, un mouvement fédérateur de collaboration s'intensifie entre le Québec et la France. Cette coalition exerce un ascendant important et sert de catalyseur pour l'évolution spirituelle de l'humanité. Avec sa géologie particulièrement étonnante, le Bugarach porte bien son nom de « montagne inversée ». Doté d'un remarquable tétraèdre éthérique avec en son centre un imposant cristal, l'énigmatique mont Bugarach représente un lieu stratégique pour la guilde des Maîtres et des rencontres avec les Intelligences supérieures des mondes parallèles de l'intraterre et de l'extraterre. Son périchamp énergétique possède une étendue considérable créant un véritable cercle de fréquence lumineuse dorée qui pulse sur la note christique. Depuis plusieurs décennies, nous avons établi une matrice énergétique au pied de la montagne sacrée jusque dans sa Terre creuse. Cette matrice d'ascension est connectée directement à une autre matrice de vie qui couvre le long territoire du grand bassin méditerranéen. On vous rappelle que les énergies du Divin Féminin sont rassembleuses et unificatrices. Cette nouvelle structure de cinquième dimension, en plus de l'anneau d'or qui encercle la région, démontre une force d'attraction impressionnante interpelant le travailleur spirituel. D'aucuns ressentiront l'élan d'aller s'installer dans le sud-ouest de la France pour se rapprocher du rayonnement du mont audois et de la vallée pyrénéenne. Véritable catalyseur d'évolution et détonateur énergétique, le cœur du Bugarach attire les êtres en éveil qui ont fait le choix d'emprunter la spirale ascendante d'évolution et qui souhaitent vivre sur une fréquence supérieure. Des unités de lumière et des écoles initiatiques verront le jour sur ce territoire empreint des mémoires des Cathares et des Templiers. Ces communautés anciennes ont laissé la trace de semences christiques sur ce territoire, servant d'embryons à la

Nouvelle Humanité. Ce royaume énergétique du sud-ouest de la France soutient le déploiement des êtres par la présence indéniable des énergies du Divin Féminin, dont les douces vibrations des Marie qui ont parcouru les terres du Sud et les ont ensemencées de leur amour, leur bienveillance et leur infinie sagesse. En tant que collectif de Marie-Isis-Myriam, notre présence vibratoire s'est accrue sur l'ensemble du territoire français et dans le grand bassin méditerranéen depuis le dernier souffle du deuxième millénaire. La France est sous la protection des énergies de la Mère et de la sainte Marie Madeleine (Myriam de Magdala).

Conséquemment, d'autres corridors de communication vibratoires sont activés entre les monts Shasta, Albert et Bugarach ainsi que les monts Sinaï et Ararat (Égypte et Turquie). Riches en énergies christiques et en énergies féminines sacrées, la France et tout le territoire du bassin méditerranéen sont au cœur du changement de la face du monde et se répercuteront sur l'ensemble de la planète. Cette région explosera d'une remarquable croissance spirituelle. À l'instar de son passé florissant, le bassin méditerranéen retrouvera de grands guides pour éclairer la Nouvelle Humanité. Qui plus est, il abrite en son sein des terres sacrées plurimillénaires qui ont connu de fabuleux instructeurs spirituels et la présence de Mères divines. Comme nous le répétons depuis plusieurs décennies, la *Sainte Terre* est certainement l'un des meilleurs baromètres de la planète à l'heure actuelle. Bien que d'aucuns puissent la considérer comme la terre promise, elle est plutôt un point d'ancrage du Nouveau Monde duquel la paix devra se rétablir définitivement. Hôte de conflits religieux, politiques et territoriaux depuis des lunes, ce lieu devra quitter l'énergie de l'ancienne matrice afin de modifier l'ensemble du paysage de la planète et de son treillis énergétique. Le jour où ce jeune pays d'Israël partagera son territoire dans le respect des Anciens et des différences, et que sa terre vibrera à nouveau sur la fréquence du Christ Amour, le visage du monde entier se redessinera.

La conscience multidimensionnelle et l'intemporalité

La force de la vibration qui émane des océans et des lieux sacrés situés dans le périmètre énergétique de la croix éveille chez les personnes alertes et éveillées les mémoires atlantes et lémuriennes qui les conduisent sur une octave supérieure. Le présent devient plus vaste. Les frontières s'abolissent. Vous entrez dans l'inséparabilité quantique. Et, ainsi, vous entrez dans la pleine présence et vous vous rendez disponible à tout ce qui *est*. Votre souffle divin ne vous ancre nulle part ailleurs que dans l'instant présent. Dès lors, vous cessez d'être obsédé par le temps. Dans l'espace de la conscience multidimensionnelle et de l'intemporalité, tout existe en simultané et vous pouvez naviguer à l'intérieur de multiples incarnations. Vous êtes ici et vous pouvez voyager et évoluer ailleurs en même temps. Vous existez sur tout le spectre des fréquences vibrationnelles et dimensionnelles. La personne est à la fois consciente d'être ici maintenant, et parallèlement elle baigne dans les mémoires inhérentes de l'histoire de son âme ici-bas ou ailleurs dans l'univers.

Plus vous accédez à votre conscience multidimensionnelle, plus vous vous rapprochez de votre divine présence et du long parcours de votre âme et de celui de l'humanité. À certains moments propices, vous pouvez également être projeté dans des expériences appartenant au futur. Dans la perspective multidimensionnelle, le passé, le présent et le futur ne font qu'un et coexistent dans un mouvement circulaire naturel. Le temps s'écoule de façon différente dans votre champ de conscience. Le temps n'est plus segmenté.

C'est cela la vraie vérité universelle. Vivre dans les références du passé et les projections du futur vous rend dépendant et vous éloigne de votre vérité intérieure et de votre pouvoir. Votre présent s'inscrit alors dans la rencontre entre les vagues du passé et celles du futur, dans une profonde respiration solaire. Vous vibrez dans la matrice de l'énergie quantique et pénétrez dans son mouvement spiralé. Vous devenez un voyageur du temps et de toutes les réalités parallèles. Vous accédez au plan de l'instantanéité et à votre polyvalence spirituelle et dimensionnelle. Vous focalisez votre attention sur l'instant présent, votre unique pouvoir et votre réelle liberté, car seul un présent vécu pleinement existe. La vie est ici maintenant!

D'ores et déjà, vous savez du plus profond de votre être et de votre âme – qui, elle, se souvient – que vous ne souhaitez pas reproduire une deuxième Atlantide, c'est-à-dire la chute de cet empire par la dégénérescence de la conscience humaine sous les apparences illusoires d'une fulgurante évolution technologique. Une science qui avait perdu son âme par la digression des lois d'harmonie universelle au profit de l'avidité de pouvoir. Voilà, ce qui vous fait craindre le pire, c'est-à-dire de revivre la chute qui a mené à la «Grande Fracture».

Deuxième partie

Par le pouvoir infini de ma divine présence, moi (prénom et nom), en mon âme, mon corps, mon cœur et ma conscience, je fais le choix amoureux de réparer toutes les blessures et les réminiscences reliées à la « Grande Fracture », ici maintenant.

CHAPITRE VI

La chute et la « Grande Fracture »

La chute est un trauma profond qui a généré la « Grande Fracture » d'avec la Source et de vos pouvoirs souverains ; un lourd fardeau à porter pour l'humanité, la nuit noire de son âme... C'est un fulgurant face-à-face entre l'énergie de l'ancienne matrice et celle de la nouvelle matrice. Et, la vieille énergie est coriace !

La Terre, à l'instar de l'humain, vit l'achèvement d'un cycle karmique majeur afin de libérer le champ de dualité et de séparation inhérent à l'ancienne matrice. Les systèmes établis sur des valeurs d'exploitation et de domination s'effondrent. Des lignes de force karmique sont en jeu et génèrent une foudroyante décharge de mémoires à travers le temps qui se compresse. Vous constatez avec clarté que la vie ne peut plus s'exprimer de la même façon que dans l'ancienne matrice. La rencontre explosive de ces deux énergies soulève maintes réactions et la descente d'importantes charges karmiques du point de vue individuel et collectif, ce qui engendre le meilleur et le pire à s'exprimer ostensiblement. Une chose est sûre, la polarisation oscille dans les extrêmes et le fossé s'élargit. La séparation entre les deux univers est sans nul doute de plus en plus flagrante.

En raison des empreintes indélébiles de la grille, plusieurs d'entre vous ont besoin de s'affranchir d'inscriptions mémorielles douloureuses dues à un passé lourd entourant le thème de la chute, le déclin de la conscience humaine. Ces traumatismes hérités de vos expériences de vie passées ont engendré en vous des peurs profondément cellulaires. Stimulées par les codes-clés des océans, les peurs remontent à la surface de vos eaux intérieures pour être nettoyées et vous permettre une mise à niveau par la force de l'amour. Ces empreintes tenaces sont inscrites dans les structures bioquantiques de votre champ énergétique ainsi que dans l'inconscient collectif et l'égrégore de la planète. Le monde tel que vous l'appréhendez s'inscrit dans une vision duelle aux empreintes d'une séparation d'avec la conscience unitaire de la Source. Cette vision du bien et du mal, de l'ombre et de la lumière, a défini et créé votre réalité depuis des éons. Vous avez enregistré dans vos cellules le plus vaste spectre de la dualité qui a laissé d'importantes cristallisations et des implants dans votre structure énergétique et dans votre enveloppe physique.

Des peurs de l'anéantissement, de la cassure, du déluge et de l'engloutissement peuvent être soulevées à propos de la période sombre de décélération vibratoire et de destruction de l'Atlantide et de la Lémurie. Il convient de transmuter par le pouvoir de vos soleils intérieurs cette thématique karmique de la « Grande Fracture » et de la séparation d'avec la Source inscrite cellulairement dans vos cœurs. Ces mémoires génèrent des cristallisations tenaces et des ombres engrammées dans vos cellules, votre champ aurique et celui de la Terre. L'humanité s'est enlisée sous de multiples couches de dualité dans un champ de polarités extrême. Et vous, individuellement, vous avez vécu maintes fractures dans les différentes dimensions, alors que maintenant vous sentez le besoin de réintégrer tous vos fragments et de fusionner de nouveau dans la conscience unitaire originelle. Votre âme a choisi de sortir de ce cycle involutif et de rompre avec les schémas duels pour retrouver l'essence divine de son héritage spirituel. Or, en raison de certaines empreintes atlantes, plusieurs personnes portent aussi l'engramme d'une peur viscérale de l'inconnu, une peur de leur lumière et de l'illumination, ce qui soulève en elles une résistance et freine leur évolution, leur ascension.

Les cycles de lumière et d'ombre

À une certaine époque de l'Atlantide, comme dans plusieurs autres civilisations, des hommes aux facultés aiguisées, assoiffés de pouvoir et coupés de l'énergie du cœur, ont engendré leur propre dégénérescence. Leur volonté d'hégémonie a créé la division et s'est tournée finalement contre eux. Dorénavant, leur savoir ne servirait plus des fins évolutives, mais plutôt des fins destructrices. L'orgueil précède toujours la chute. L'ouverture extrême à des facultés extrasensorielles et à la connaissance à outrance n'est pas l'indice d'une spiritualité hautement évoluée. Ne chercher qu'à développer ses facultés psychiques et parapsychiques sans la présence de l'énergie d'amour est un piège énorme de l'évolution qui peut mener à des manipulations sans retenue. Une ouverture fulgurante de vos facultés extraordinaires non assise dans la conscience du cœur et dans un cheminement spirituel approprié peut être trompeuse. Voilà un piège qui guette tout initié. Le pouvoir – ou plutôt l'illusion – est séduisant. L'orgueil est sans scrupule.

Les cycles de lumière et d'ombre sont le reflet de la nature duelle de votre réalité tridimensionnelle et de l'esprit du conquérant propre à l'ancienne matrice. Combien de civilisations ont perdu de leur lustre en raison d'un désir grand d'hégémonie de leurs dirigeants belliqueux ? Combien ont vu la conscience de leur humanité péricliter ? Combien ont sombré après avoir dévié de l'ordre de l'univers, des lois divines ? D'autres civilisations ont connu aussi des moments de gloire d'une intensité lumineuse extrême ainsi que des moments de grande noirceur, le début de leur perdition et de leur apocalypse. (Voir le chapitre II de *Féminin sacré actualisé*, *Marie-Isis-Myriam*, de la même auteure.)

Les inscriptions mémorielles ressurgissent sous l'action intense de la lumière pour vous sortir des répétitions du passé. Nombreuses sont les personnes qui expérimentent à l'heure actuelle une intense purge karmique. Parallèlement se vit un explosif face-à-face avec le karma collectif. Certains lieux énergétiques, tout comme la rencontre et les propos d'un Maître, peuvent réactiver instamment vos mémoires. Vous avez le pouvoir de sortir de vos traumas et de vous libérer du joug de ces résidus karmiques et d'en transmuter les énergies viles par la force de vos soleils intérieurs (*hara*, cœur et conscience). Assurez-vous de stabiliser votre corps émotionnel et votre corps mental, qui portent les engrammes des traumatismes. En ces temps d'intensité, il est essentiel d'harmoniser régulièrement vos champs énergétiques et votre environnement immédiat pour être en équilibre et en santé. Il est temps d'extraire de vous les énergies lourdes et duelles de l'ancienne matrice. La souffrance n'est que l'ignorance de votre véritable nature. Cessez de croire que la souffrance est l'unique voie de la délivrance et de la réalisation. Oui pour les décrets, les mantras, les rituels et les soins énergétiques qui se révèlent de puissants outils d'accompagnement tout au long de votre parcours. Or, nous vous rappelons que la véritable guérison est avant tout une quête intérieure au quotidien, culminant par l'accession à une conscience supérieure.

Ne soyez point la victime de votre passé et de vos mémoires, car vous en êtes le guérisseur!

À l'heure actuelle, tout se révèle en vous par la force de la lumière. Détachez-vous des drames du passé déjà passé, puisque chaque fois que vous y retournez, vous nourrissez de nouveau l'énergie qui y est rattachée. Brisez les chaînes qui vous tiennent prisonnier et les liens qui vous asservissent. Débarrassez-vous de vos haillons de frustration et de souffrance, vos vieux modèles d'autosabotage créés par des traumatismes anciens. Mettez bas les masques et sortez des illusions qui vous éloignent de votre authenticité. Sortez du champ de bataille et déposez vos armes, car elles ne vous servent plus. Reconnaissez les parties de vous qui ont un urgent besoin d'être entendues, soignées et aimées. Si vous ressentez que vous êtes plongé tête première dans un nœud karmique, on vous invite à vivre le processus d'intégration mémorielle* pour libérer les charges émotionnelles, psychiques et karmiques ainsi que les cuirasses énergétiques qui ombragent votre champ aurique. Les fractales mémorielles lourdes peuvent voiler la vision lumineuse de votre âme et freiner votre évolution. La démarche par le soin de l'intégration mémorielle vise essentiellement à explorer, guérir et intégrer vos thématiques karmiques, et ce, de façon responsable et consciente. C'est un outil salvateur pour une profonde pacification et l'harmonisation du flux énergétique. Depuis des millénaires, vous vous êtes détourné de la lumière en vous enlisant dans la densité de la séparation et de la dualité. Ne restez point prisonnier de vos mémoires et libérez-vous de l'attachement à votre identité construite. Et, surtout, cessez de projeter vos blessures vers l'extérieur et d'errer dans les couloirs du temps linéaire. Aujourd'hui, le coma collectif s'achève puisque d'innombrables personnes, tout comme vous, ont choisi de soulever le voile et de se souvenir… Unissez instamment l'énergie d'amour et de compassion de votre cœur à la puissance créatrice de votre ventre et à la divine sagesse de votre conscience.

---

* Depuis 1992, le centre Ahava international offre la formation intégrale en intégration mémorielle et l'accompagnement individuel.

Rituel de transcendance : Les trois réceptacles majeurs

Contenez les énergies cristallisées de vos mémoires entre vos mains. Portez vos mains devant le soleil de vos entrailles. Laissez le feu solaire de votre puissance créatrice transmuer toutes les formes de charges et de scories. Respirez profondément. Entamez à voix haute le mantra *Shanti Shanti Shanti* pour marquer la cellule de la vibration de paix. C'est une véritable semence qui pénètre en profondeur votre champ corporel et votre champ énergétique. Poursuivez avec les mains devant le soleil de votre cœur en laissant agir le feu solaire christique de l'amour. *Shanti Shanti Shanti*. Par la suite, posez vos mains devant le soleil de votre conscience, l'œil transcendant de la perle bleue. Laissez la lumière de l'infinie sagesse transmuer les énergies viles de vos mémoires entre vos mains. *Shanti Shanti Shanti*. Projetez votre regard et vos bras tendus vers le ciel. Dans la conscience de l'Un, unissez vos trois soleils à la force incommensurable du Grand Soleil souverain *Hunab Ku*. Vous êtes un fragment de son éclatante lumière. Ne tentez pas d'intellectualiser ce processus. Il *est*, tout simplement. Respirez en union avec l'univers et restez à l'écoute. Puis, déposez en conscience sur votre troisième œil un triangle de fréquence lumineuse dorée, dont la pointe est dirigée vers la Terre. Déposez ce même sceau vibratoire sur le cœur et le *hara*. Respirez profondément pour intégrer jusque dans la cellule cette coulée d'or à travers vos réceptacles. Complétez le rituel par des remerciements. Vous pouvez le refaire jusqu'à ce que vous ressentiez une libération, une pacification.

Rappelez-vous la puissance du pouvoir transcendant de l'amour et la puissance de vos trois réservoirs solaires. Vous avez le pouvoir de donner autorité à l'amour dans l'or de tout instant. Devant chaque difficulté, chaque souffrance, prenez place dans le sanctuaire de votre divine présence *Je Suis* et demandez-vous : que ferait l'amour à ma place ? Oui, que ferait l'Amour ?

Mantras : *Amour* et *Om Shanti Om*

Pour faciliter la libération des résidus karmiques contraignants et vous élever en conscience, on vous propose de psalmodier à voix haute *Amour Amour Amour* à sept reprises durant trois cycles. Entre chaque cycle, prenez trois respirations profondes avec suspension du souffle pour intégrer la semence lumineuse et l'énergie du mantra dans la cellule. Terminez en le récitant intérieurement jusqu'à ce qu'il vous habite entièrement. Psalmodiez aussi le mantra *Om Shanti Shanti Shanti Om*, qui pacifie le cœur et l'esprit et vous attire vers les hauteurs.

Le rôle fondamental du thymus

Beaucoup d'humains se sentent déstabilisés par l'intensité des changements vibratoires, ce qui fait réagir fortement leur corps. L'afflux constant de lumière et de particules adamantines perturbe temporairement le système nerveux et toutes les glandes. Vous pouvez observer l'augmentation de maladies dites auto-immunes, des maladies dues, entre autres, à la déficience de la glande du thymus surchargée par le poids des résidus karmiques et de l'implant de scission laissé par la « Grande Fracture ». Le thymus, le siège de votre cœur karmique et du nouveau chakra turquoise de l'harmonie, joue un rôle essentiel dans le bon fonctionnement de votre système immunitaire, le système dit de défense. Et, pourtant, vous n'avez plus à vous défendre contre l'amour. Dans le thymus se loge la mémoire de l'âme associée au cœur. Le cœur karmique représente le fil conducteur de l'évolution de l'âme à travers sa blessure d'amour. Cette région sert également de point d'ancrage dans le physique de la corde d'argent, un long cordon fait de fils luminescents entrelacés permettant de relier le corps physique et le corps spirituel, le corps de lumière. Comme image, la corde d'argent est souvent associée au cordon ombilical de l'âme maintenant l'union entre le corps et l'univers invisible par un lien permanent ne se rompant qu'au moment de la mort physique. Plus la personne s'éveille, plus la corde d'argent émet de hautes fréquences et se développe en qualité. Selon l'école de pensée ou la lecture d'une personne médium, certains diront que le point d'ancrage de la corde d'argent se situe plutôt dans la région de la tête, du plexus ou du ventre. En vérité, tous ont raison puisque ce long cordon extensible à l'infini a plus d'une ramification dans le corps physique ; par contre, son attache principale demeure la région du thymus. En l'absence de rites et de rituels initiatiques lors des passages importants de la vie, l'enfant qui grandit ne reconnaît pas véritablement son essence. Devenu adulte, il n'arrive pas à développer son autonomie psychique et spirituelle. Jadis, à l'époque de l'âge d'or des Atlantes et chez les anciens Égyptiens, l'éveil du thymus et son activation étaient d'une importance capitale pour la régénération cellulaire et l'immortalité. Avec l'implant de la séparation, vous vous êtes fâcheusement éloigné de vos innombrables pouvoirs ainsi que de vos capacités de régénération cellulaire. Vous avez intégré la mort comme un état inévitable selon une courbe créée par l'homme au moment de la chute. Ainsi, votre corps physique se dégrade rapidement à partir d'un certain âge. Or, vos capacités de régénération sont infinies quand vous êtes pleinement connecté à la fréquence fondamentale et aligné sur votre divine présence *Je Suis*.

Aujourd'hui, la science médicale ne reconnaît pas le potentiel physiologique et énergétique de cette glande, puisqu'elle est considérée comme une excroissance en latence dès le jeune âge. Le thymus s'atrophie en raison du manque de stimulation et d'initiation ayant la capacité de l'éveiller et de favoriser son plus haut potentiel. Les résidus karmiques et la charge énergétique non intégrés entourant la blessure fondamentale à travers l'histoire de l'âme engorgent inutilement l'enveloppe éthérique du thymus et la cristallisent. Il existe un puissant soin d'harmonisation énergétique du thymus et de son enveloppe éthérique. Cette intervention de lumière accélère la libération de la charge karmique. En recevant ce soin, la personne est alors invitée à s'occuper de la blessure soulevée en elle et à s'en affranchir par une démarche personnelle conscientisée. Cette libération la conduit davantage vers une autonomie spirituelle. Le bon fonctionnement de votre immunité dépend du degré d'amour que vous vous portez et de la transcendance de la blessure fondamentale du cœur : le rejet, l'abandon, la trahison, l'injustice et la non-reconnaissance. Sous l'explosion des particules lumineuses et de votre choix conscient d'ascension, la mémoire karmique de séparation non intégrée refait surface et peut attaquer le système immunitaire à tout moment.

La médecine de demain devra prendre en compte les divers aspects entourant cette glande (et son immunité) autant dans sa partie physiologique que dans ses parties psychique, énergétique et spirituelle. Or, elle devra prendre aussi en considération le rôle majeur de toutes les glandes fortement sollicitées avec l'afflux constant de lumière. L'activation de vos chakras, ces réservoirs d'énergies et véritables usines alchimiques, influence tout le système glandulaire. Chaque jour, si vous le souhaitez, tapotez délicatement et consciemment votre thymus dans un mouvement circulaire, en gardant une main en offrande devant le chakra du cœur. Vos glandes et votre structure énergétique doivent se libérer de l'implant généré par la chute et les forces sombres pour retrouver leur plein potentiel et leur fonction ancestrale, et pour vibrer à des niveaux plus élevés. Il s'agit simplement de leur permettre de retourner à leur fonction initiale sur un plan divin supérieur. Durant cette étape, vos systèmes peuvent s'affoler temporairement, tentant de calibrer les entrées de lumière.

L'Étoile de la Terre et l'Étoile de l'âme

À l'époque marquée par le désastre de la chute, n'oubliez point d'y associer une autre mémoire, celle d'une faction d'Atlantes éclairés qui ont essaimé plusieurs territoires de la planète afin de vous léguer le précieux héritage de leur savoir universel, un héritage qui vous connecte à une mémoire lumineuse reliée, entre autres, aux cristaux maîtres et aux crânes de cristal. À travers les fractales de votre âme et sa longue histoire ici-bas et ailleurs, auriez-vous oublié que les ancêtres de plusieurs civilisations antérieures sont peut-être vous-mêmes ?

La sagesse lémurienne et la sagesse atlante sont à vos portes et réveillent chez plusieurs l'étincelle lumineuse de ces fabuleux royaumes hautement évolués. Vous pouvez rapidement vous y connecter par l'entremise de la grille cristalline qui, elle, se souvient… Cette grille conserve toutes les empreintes mémorielles de l'histoire de la Terre, de l'humanité et de la conscience humaine. Vos cellules ont le pouvoir de réagir au contenu de ce treillis énergétique multidimensionnel. Qui plus est, vous pouvez vous relier en conscience à ces anciennes civilisations prodigieuses par l'entremise de deux nouveaux chakras : l'*Étoile de la Terre* et l'*Étoile de l'âme*. L'une est une porte qui s'ouvre sur la Terre creuse et toutes ses présences lumineuses, tandis que l'autre vous conduit vers le ciel de votre âme, la porte des étoiles et du soleil.

L'*Étoile de la Terre* s'inscrit comme un point d'ancrage majeur de la nouvelle réalité vibratoire de la cinquième dimension et vous met en phase avec le nouveau corps christique planétaire. Située environ à dix centimètres sous vos pieds, elle est en connexion directe avec vos ancêtres, vos liens de sang et la grille étoilée de la Mère Terre, et vous unit à l'énergie de la Lémurie. Quand vous marchez pieds nus consciemment, vous pouvez vous y relier instantanément en cultivant en vous la présence que vous êtes une étoile en incarnation. La visite de grottes, de cavernes et de canyons favorise le contact avec votre étoile et les entrailles de la Mère Terre, en plus de vous rapprocher du monde fascinant de l'intraterre. L'énergie féminine de l'*Étoile de la Terre* se nourrit de l'astre lunaire sous la gouverne de la Déesse de la lune, la fée bienveillante de l'univers. Sa fréquence lumineuse se décline dans les couleurs argentées du disque lunaire. Quant à l'*Étoile de l'âme*, elle se situe au-dessus du chakra de la couronne, en liaison avec l'Atlantide. Sa fréquence lumineuse est celle du blanc-or. La force vibratoire de l'*Étoile de l'âme* vous propulse dans vos parts solaires multidimensionnelles et dans l'âge d'or atlante. Elle emmagasine l'énergie solaire et la diffuse en pulsant son rayonnement jusqu'au cœur de la cellule. Ce foyer d'énergie amplifie votre connexion aux peuples du Soleil et réveille vos codes-clés atlantes. Toute expérience transcendante facilite votre reliance à l'*Étoile de l'âme*. Quand vous atteignez le sommet d'une montagne sacrée, que vous visitez des sanctuaires naturels, des temples, des pyramides, ou que vous vous recueillez devant des stèles, vous élevez votre fréquence vibratoire et vous vous connectez plus rapidement à votre âme et à l'or de l'astre solaire.

Sur le parcours de la voie sacrée, vous avez le pouvoir de rompre avec le passé qui vous étouffe et vous intoxique. Vous avez le pouvoir de libérer vos doutes, vos peurs, vos insécurités, votre impuissance, voire votre mal de vivre. Laissez vos démons intérieurs s'incliner humblement devant la puissance infinie de l'amour. Tout, vraiment tout, peut être converti en amour. Remplissez tout espace vain par la lumière. Utilisez vos afflictions comme tremplin d'évolution. Transformez tous les aspects dissonants en vous et les énergies denses en créations lumineuses. Il est en votre pouvoir de générer un cours différent en redessinant votre vie. Vous ne pouvez refaire votre passé. Par contre, vous avez le choix à tout instant de transformer votre réalité personnelle en changeant votre attitude et votre perception des événements. À l'instar du parcours de l'aspirant à l'initiation, ne dites-vous pas que l'aigle ne fuit jamais la tempête et qu'il s'en sert pour prendre de la hauteur ? L'initiation est un long et salvateur voyage de maîtrise au cœur de vous-même afin d'émerger à la vérité de votre ultime présence *Je Suis*.

CHAPITRE VII

L'initiation du XXIe siècle

Tout au long de votre parcours initiatique, vous devez avant tout cesser de chercher les réponses à l'extérieur. Votre quête et votre voyage sont intérieurs. Nul n'a à chercher ; il n'a qu'à laisser s'exprimer la lumière déjà en lui. Le chemin est quotidien. Car le chemin est la vie !

L'initiation est une quête accélérée personnelle (et collective), un catalyseur de transformation qui permet un bond quantique et répond à un besoin de dépassement et d'accomplissement intrinsèque à l'être. C'est un véritable pèlerinage de l'âme dans le monde de la forme pour retrouver votre divine présence *Je Suis*, votre filiation à la Source. C'est alors que chaque individu révèle et célèbre le Maître en lui. L'initiation se vit par étapes progressives selon le rythme d'intégration de chacun et l'histoire unique de son âme. Ce sont des étapes d'amour qui, une à la fois, réactivent vos attributs divins et vous éveillent à votre état souverain. Vous êtes alors traversé par de puissantes vagues de guérison. L'initiation exige de la rigueur, du courage, de la persévérance, de l'accueil, de l'amour inconditionnel et beaucoup de bienveillance envers vous-même. Vous ne pouvez parvenir à la réalisation sans renoncement et sans passer par un important processus de nettoyage et de transmutation. Ce chemin, choisi délibérément, est nul doute éprouvant par moments, mais ô combien guérisseur. Chaque moment devient une occasion inouïe d'évoluer. Chaque moment est une initiation à la conscience d'amour. De l'acte le plus banal à l'acte le plus noble, tout prend un sens. En tant qu'aspirant à l'initiation, la perte de sens et la perte du sacré corrompent votre parcours et l'alourdissent inutilement.

L'initiation apporte son lot de dépassement et de transformation. Le parcours est émaillé d'épisodes de guérison, de transmutation, de moments d'intensité, d'éveil, d'expansion, de joie et d'émerveillement. C'est une occasion unique de retrouver le sens du Sacré et de la Vie. C'est le passage de l'être humain à l'être spirituel, en tant qu'âme en incarnation. Chaque pas humble dans la démarche initiatique accélérée permet de libérer un peu plus les attachements, les aversions, les peurs, les doutes et toutes les formes d'énergies enclavées et obsolètes qui maintiennent l'individu en prison. C'est en quelque sorte un énorme renoncement, l'abandon des acquis terrestres par la dissolution complète du personnage, la mort de l'ego, la mort de la conscience du moi séparé. La personnalité doit abdiquer son trône dans le dessein de faire le grand saut de l'éveil pour pénétrer légère dans la vie sacrée. C'est le grand dépouillement dans le quotidien terrestre, l'école du troisième millénaire. Effectivement, sur le chemin conscient de votre quête intérieure quotidienne, vous entrez à l'école la plus remarquable de formation à la maîtrise. Dès lors, vous évoluez au cœur de l'expérience dans la présence consciente.

La consécration de vos tâches journalières favorise l'enracinement de la lumière dans la matière. Votre regard ne doit plus se diriger sur les faits entourant votre quotidien ; il doit plutôt se focaliser sur la lumière qui, elle, le transformera. Vous ne pouvez tendre vers la maîtrise et la réalisation si le cœur de votre vie quotidienne ne fonctionne pas en harmonie avec le cœur de votre vie spirituelle. En sacralisant chaque moment ordinaire de votre vie, dans la pleine présence et le cœur ouvert, l'extraordinaire est partout au rendez-vous. Conséquemment, les vicissitudes du quotidien vous affectent beaucoup moins. Dans la présence consciente, chaque geste et chaque expérience, même s'ils vous semblent répétitifs, prennent une tout autre signification et deviennent une occasion de plus de célébrer la vie. Ainsi, vous arrivez à toucher à l'amour, à toucher au Divin dans tout ce qui existe. Toutes les initiations et tous les défis auxquels vous êtes confronté aiguillonnent votre évolution et stimulent votre créativité. C'est le moyen dont se sert votre âme pour vous pousser à exprimer le meilleur de vous-même. Les obstacles ne font pas office de punition ; au contraire, ils servent d'indicateurs vous invitant à développer votre créativité, votre force intérieure et votre responsabilité. Ce sont de véritables boutons rouges qui viennent activer en vous les perles de la foi.

Nous le répétons depuis des décennies, la Terre est la plus grande école de l'âme, une école spirituelle à plusieurs paliers d'apprentissage et d'expériences. C'est le nouvel ashram du XXIe siècle pour une spiritualité incarnée, vivante et bien sentie. Le temps n'est plus à une spiritualité éthérée et coupée de la Terre. Votre parcours ici-bas constitue le chemin le plus optimal pour réaliser que vous êtes divin, que vous êtes l'univers. Votre nature cosmique et la vérité se cachent dans toutes les expressions de votre vie quotidienne. L'initiation est un voyage dans la pleine conscience de chaque instant. Votre incarnation se révèle un puissant levier de guérison et de transmutation vous invitant à l'expression de votre plus belle lumière. La solidité de votre ancrage et la force de votre alignement sont directement proportionnelles à votre capacité de flexibilité à chaque instant. Saisissez chaque occasion pour vous délester, vous centrer et vous élever. La vie elle-même ne cesse de renouveler l'invitation à vous transformer et vous propose les initiations dans l'or de tout instant. Le chemin qui était autrefois réservé à une minorité s'ouvre maintenant à tous et se décline dans le quotidien. Libérez-vous de réminiscences karmiques des autres époques reliées à d'anciennes sociétés secrètes, à des écoles de mystères et à des vies en tant que moine, ermite et ascète. Évitez d'associer votre vie quotidienne et le processus d'ascension, votre quête intérieure, comme deux démarches distinctes, voire incompatibles. L'initiation d'aujourd'hui se vit dans le monde !

Nourrir sa matrice et son ancrage

Vous ne pouvez évoluer en cherchant à échapper aux contingences de la vie terrestre et en fuyant la vulnérabilité de votre monde intérieur. Vous ne pouvez non plus évoluer spirituellement en vous retirant du monde dans un environnement aseptisé, exempt de tous résidus énergétiques. Ce serait de vivre encore dans l'illusion... Seuls le feu du dragon et la force de l'énergie créatrice Shakti permettent à l'Esprit de se matérialiser pour rejoindre la complétude de l'être. Source intarissable de création, la matrice énergétique du Féminin sacré, votre ventre-sexe, est le calice du Graal duquel jaillit toute vie. C'est votre soleil d'âme en incarnation qui favorise votre élévation vers la Source, le Soleil de tous les soleils. Sans une fondation solide, il est impossible d'ancrer le ciel et sa lumière dorée dans votre temple sacré. Il est impossible de vous édifier harmonieusement vers le haut sur un sol stérile sans piliers. Quand vous vous coupez du contact à vos racines terrestres, vous limitez indéniablement l'ouverture vers votre plus vaste potentiel lumineux. La spiritualité du XXIe siècle nécessite que vous soyez incarné jusqu'au plus petit orteil pour être en phase avec la vie, avec la Terre. Vous ne pouvez incorporer vos parts multidimensionnelles et la conscience christique dans la cellule en reniant la matière, votre corps de chair et votre incarnation. Votre grotte intérieure et vos pieds sacrés forment un socle pour l'élévation dans les hautes sphères. Vos bases doivent être stables et vos racines, profondes, afin de cultiver au quotidien votre ancrage, c'est-à-dire votre reliance sacrée à la Mère Terre. Il ne peut y avoir d'expansion ascensionnelle sans un contact assidu et profond à la Terre. Ancrez votre conscience dans vos pieds bénis et honorez votre incarnation. Vos racines sont la vie ! Ce contact conscient et cette osmose facilitent votre enracinement et le nettoyage des énergies inappropriées, en vous mettant en résonance avec Gaïa.

À une époque où vous êtes branché à tout et sur tout, jamais autant d'humains n'ont été déconnectés de la Terre et insuffisamment enracinés. Le mode de vie urbain des sociétés modernes et le nombre croissant d'ondes électromagnétiques parmi lesquelles plusieurs sont nocives vous coupent d'une ressource essentielle d'énergie vitale et perturbent vos systèmes nerveux et endocrinien. À la longue, les ondes peuvent interférer avec votre santé et affecter votre cœur, votre cerveau, votre sang et votre champ magnétique. Les champs artificiels perturbent aussi les comportements humains et peuvent rendre l'homme abruti et agressif. Faites sagement usage de toutes les innovations technologiques. La technologie moderne est à votre service, non l'inverse.

Aussi souvent que possible, allez vous balader en nature. Cette enceinte vibratoire aux propriétés curatives vous offre abondamment ce dont votre corps a besoin. La nature vous permet de baigner dans de fortes concentrations d'ions négatifs dynamisants ainsi que de prana, la substantielle nourriture de vie. Marchez pieds nus en présence consciente pour renforcer votre mise à la terre et recharger vos reins mères. Ne vous coupez point de ce pouvoir. Vos reins constituent un lien important avec vos mémoires ancestrales de la Terre, votre incarnation et votre filiation maternelle. Le point énergétique 1Rn (rein) de la médecine chinoise est le seul parmi les 365 points à être en contact directement avec le sol, d'où son nom *la source jaillissante*. Vous pouvez masser et dorloter régulièrement vos pieds, en les bénissant en pleine conscience. Vos pieds sont tout aussi spirituels que l'extrémité supérieure de votre corps. Honorez l'ensemble de votre vaisseau physique, le temple sacré de votre âme, qui sert son évolution sur Terre. Accueillez les énergies bienfaitrices et les énergies curatives de Gaïa et imprégnez chacun de vos pas de la douce puissance de ses vibrations salutaires. Prenez une assise dans les racines d'un arbre qui vous inspire et communiez avec son esprit. À l'inspiration, nourrissez-vous de sa sève et de ses racines curatives et, à l'expiration, offrez à l'arbre votre amour et votre vibration unique. Quand vous êtes dans un échange conscient et véritable, vous favorisez l'harmonie entre les courants de réception et les courants du don. Qui veut recevoir doit savoir donner. C'est le principe universel d'une respiration complète. Ainsi, vous vous rapprochez inexorablement de l'équilibre. Laissez les racines de l'arbre nourrir les vôtres. Dès lors, votre corps et tout votre réseau énergétique respireront la vie!

Pour être resplendissant de santé, vous devez pourvoir autant aux besoins de votre corps, de votre esprit et de votre âme, et vous assurer d'un sain équilibre entre vos racines terrestres et vos racines aériennes. Être en santé dépend du degré d'harmonie entre tous les aspects physique, émotionnel, psychique, énergétique et spirituel. Quand vous êtes en harmonie entre la Terre et le cosmos, c'est ainsi que vous devenez une ancre solide pour que le Grand Plan s'accomplisse. C'est le secret d'un canal harmonieux où l'énergie circule librement, de haut en bas et de bas en haut. Accéder à vos pouvoirs de la Terre est tout aussi louable et fondamental que le fait d'accéder aux pouvoirs du ciel, du moment qu'ils sont nourris par l'infini pouvoir de l'amour. Vous ancrer est aussi le fait d'habiter consciemment votre corps, votre temple sacré, et de vous y sentir en sécurité dans un état de totale présence. Trop souvent, l'humain est asphyxié par un mental fort et oublie la relation consciente à son corps, à son ventre, à son centre et à son axe. C'est grâce à votre corps que vous maintenez la connexion à votre réalité terrestre et à votre réalité temporelle. Certaines personnes éprouvent de la difficulté à identifier leurs besoins essentiels de base, tandis que d'autres se coupent carrément des exigences de l'expérience terrestre. Le corps ne s'oppose pas à l'âme ; il en est la représentation dans la forme matérielle et lui sert de véhicule d'évolution. C'est aussi le réceptacle physique de votre divine présence *Je Suis*. Il est les racines de l'âme sur le plan terrestre, alors que l'âme symbolise les racines du corps dans les plans supérieurs. Tout se tient et demande que vous nourrissiez en permanence votre équilibre Terre-ciel au quotidien. Toute expérience, si transcendante soit-elle, passe inévitablement par le corps. Tout au long de votre parcours de la voie sacrée, vous ne pouvez nier la beauté du temple de votre âme. Vous ne pouvez nier non plus la nécessité d'en prendre soin. Rendez-vous disponible à la Vie Une, le cœur ouvert et la conscience en expansion. Voilà un gage d'équilibre et de santé ! Voilà un gage de joie véritable ! Vous êtes un tout parfait créé à l'image du Divin, non un humain compartimenté et isolé du reste du monde et de l'univers.

La voie sacrée

La voie sacrée* est le parcours spirituel qui mène à la maîtrise et à la réalisation. C'est une voie initiatique axée sur la

* La voie sacrée est un parcours spirituel proposé par le centre Ahava international guidé par Marie et son collectif.

conscience, l'amour, la beauté, la reconnaissance et l'expression de votre lumière, une sagesse millénaire et intemporelle. C'est la voie spirituelle de la réalisation intérieure, où l'éveillé se découvre et se reconnaît dans sa totale lumière, sans être limité par le monde de la forme. La réalisation consiste à accepter de devenir l'humble instrument du Divin. En s'élevant de la graine à l'arbre, l'être évolue graduellement sur son parcours qui culmine par l'ascension. Ce chemin de réconciliation, de pacification et de réunification ouvre la porte à un profond changement vibrationnel et dimensionnel. C'est une façon nouvelle d'entrevoir la vie comme le plus merveilleux des voyages sans autre dessein que celui d'expérimenter l'amour dans l'or de tout instant et la pure joie d'exister dans son corps, le temple de son âme. On n'entre pas dans la voie sacrée avec sa tête, en essayant de comprendre le parcours intellectuellement et en souhaitant nourrir un savoir livresque. La Voie ne peut être appréhendée ni validée par le mental. Les mots demeurent limitatifs devant la grandeur de votre âme et de son parcours, devant la richesse de votre vibration et de vos ressentis. La voie sacrée s'exprime avant tout par un éventail d'expériences et de sensations de l'être incarné, non par le désir de satisfaire sa curiosité mentale. Car la vie ne s'apprend ni dans les livres ni dans les concepts ! On y entre avec un cœur humble et une pureté d'intention. On y entre pour découvrir ce qui est déjà là en son cœur, les retrouvailles de ses potentialités originelles et de sa fusion avec le Divin.

Aujourd'hui, la voie sacrée n'est plus une voie restreinte à une élite ou encore une voie rigoureuse d'ascétisme. Néanmoins, plus l'aspirant s'allège de ses fardeaux et accepte de se mettre à nu, plus faciles seront la transition et le rapprochement à sa vérité première. Il arrive parfois que des personnes résistent à faire la traversée de leurs ombres.

Et leur seule porte de sortie demeure alors la fuite. Vous conviendrez qu'il s'avère illusoire de penser accéder à votre plus haut potentiel divin sans vivre une profonde transformation intérieure, ce dont bon nombre de personnes se parent, souvent, paradoxalement. La voie sacrée initiatique, quelle que soit l'origine de sa tradition, vous invite à parcourir et à transcender le sentier de vos ombres afin de lever les embâcles qui freinent votre évolution. À briser les voiles qui obstruent votre vision pour recouvrer vos pouvoirs spirituels et accomplir le miracle de la vie. En émergeant des eaux vivantes de la Déesse dans votre matrice énergétique, vous ressuscitez d'entre les morts et atteignez l'Esprit divin, c'est-à-dire la conscience de votre pleine lumière.

Au fur et à mesure de votre parcours évolutif, demandez que les étapes se vivent dans la fluidité et la douceur de votre rythme. Souvent, des cycles d'intégration sont nécessaires pour assimiler les nouvelles fréquences et les nouveaux codes de lumière. N'ayez aucune attente quant à l'issue de votre parcours. Oubliez-en la finalité et vivez pleinement ce voyage gratifiant en toute conscience en vous laissant guider par la lumière de votre divine présence *Je Suis*. Laissez-vous porter par notre matrice enveloppante de Mère au lieu de vous bousculer incessamment et de vouloir prendre de l'altitude trop rapidement. Prenez l'exemple du grimpeur qui doit apprivoiser progressivement la montagne et l'altitude pour atteindre le sommet. Il a besoin d'un temps d'adaptation, bénéfique à son corps, à son mental et à son esprit. S'il franchit les étapes trop hâtivement, le risque est grand qu'il doive redescendre… À l'instar du corps du grimpeur, votre corps a un immense besoin de repos et demande du temps pour métaboliser les entrées fulgurantes de lumière. Devenez un guide de montagne pour défricher la voie et éclairer le chemin. De nombreux mystiques ont séjourné en montagne, un lieu d'élévation physique, psychique, énergétique et spirituelle. Ils connaissaient le potentiel énorme des montagnes et les secrets qu'elles recèlent. À l'exemple de la montagne, vous possédez aussi les deux versants, l'un ombragé et l'autre lumineux. Vous ne pouvez les détourner pour atteindre la cime…

S'affranchir des blessures de l'ancienne matrice

Il est illusoire de penser accéder aux sphères supérieures de conscience sans la reconnaissance de votre véritable nature dans l'harmonie des principes sacrés masculins et féminins et sans une profonde transformation intérieure. Vous devez inévitablement sonder vos profondeurs abyssales et vous extirper du dédale d'un mental bourdonnant et gourmand. La libération des voiles d'incarnation de la conscience séparée par la rencontre de vos blessures et de vos déséquilibres ne doit pas faire l'objet d'une complaisance ou d'un chemin souffrant de la croix. Cessez de vous identifier à votre souffrance et de la cristalliser dans vos cellules. Au contraire, votre libération doit faire l'objet de retrouvailles sacrées de votre lumière et du joyau lové en votre cœur.

Dans ce mouvement évolutionnaire sans pareil, vous êtes convié à visiter votre souffrance millénaire, à la libérer et à l'embrasser par la magie de la compassion. La compassion est le pouvoir de l'amour dans sa dimension cosmique. Voilà un gage de réparation et d'expansion. Avoir l'humilité et la volonté de plonger au cœur de votre être dans le dessein de lever le voile opaque qui obstrue votre vision et fait ombrage aux ressources incommensurables qui sommeillent en vous. Les blessures vous aveuglent et vous coupent de l'accès à votre pure lumière et à vos pouvoirs spirituels sacrés. Le détachement facilite votre accomplissement et procure un sentiment profond de paix. Accueillez toutes les parties souffrantes en vous qui ont grand besoin d'être aimées et reconnues. Bien qu'elles aient servi votre évolution d'une certaine manière et qu'elles aient entraîné des bénéfices compensatoires dans votre vie terrestre, choisissez instamment de transmuter l'énergie stagnante, contraignante et obsolète de vos blessures. Affranchissez-vous de tous les vœux et serments passés que vous avez acceptés et prononcés. Libérez les pensées invalidantes et destructrices. Éloignez-vous des scénarios tragiques que vous avez créés et joués souvent élégamment. Déposez vos armes, car elles ne servent plus votre nouvelle réalité vibratoire. Aujourd'hui, c'est ce que votre âme a choisi d'expérimenter dans cette flambante montée en lumière. Vous êtes à libérer vos démons intérieurs et vos attachements. À dénouer les chaînes contraignantes du monde de la dualité. Vous êtes en train de purifier et de transmuter tout le bagage non essentiel de votre parcours que vous traînez depuis des éons. Seuls l'amour et la compassion vous libèrent des stigmates de tous les outrages au cœur présents, passés et karmiques. Le chemin de l'amour constitue la pierre angulaire de l'ascension.

On vous rappelle également que vous portez les traces de la « Grande Fracture » et du déluge. Sous l'effet de la lumière ardente, les barrages cèdent et les inscriptions mémorielles remontent à la surface, faisant craindre le pire. Bénissez ces mémoires et transmutez instamment de manière pressante les énergies de ces miasmes et scories qui vous alourdissent. N'en soyez point la victime. Si vous le choisissez, vous avez le pouvoir de transformer magiquement les énergies denses en créations lumineuses. N'oubliez pas que vous attirez par résonance ce qui correspond à votre émanation, à la vibration que vous portez. Les difficultés de votre parcours sont de puissants outils d'enseignement, des outils d'ascension, à condition de ne pas vous y complaire. De ne pas vous laisser écraser sous le poids des afflictions et de la croix de souffrance qu'on vous a imposées…

La lourdeur et la longueur du chemin sont proportionnelles à la résistance que vous montrez à votre propre lumière et à votre fusion avec le Divin. Là se situe la source de votre souffrance. Le chemin de la croix est un axiome appartenant à l'ancienne matrice qui vous a fait croire qu'il fallait forcément vivre de grandes épreuves pour libérer vos péchés et accéder au ciel. Défaites-vous de ces engrammes vils et culpabilisants qui vous ont affaibli spirituellement et ont densifié vos corps énergétiques. Délestez-vous de la croix sacrificielle et de son fardeau. Vous avez le pouvoir de vaincre vos attachements à la souffrance. Le fait d'accepter ce chemin initiatique incontournable, riche en révélations sur vous-même, est un puissant corridor d'ascension. Chaque zone d'ombre, chaque voile, chaque obstacle, chaque défi aiguillonne votre parcours évolutif et ouvre le sentier de votre royauté.

La nuit noire de l'âme

Apprendre à décoder vos ombres et à traverser vos plus grandes peurs est une étape cruciale dans votre développement spirituel, à défaut de vous y sentir étouffé et prisonnier. C'est le renoncement au personnage terrestre et à son mental conditionné, où vous devez composer avec les multiples récriminations de l'ego. Ce grand dépouillement se révèle une phase déterminante dans votre processus ascensionnel. Pour certaines personnes moins outillées et plus vulnérables, l'intensité de l'initiation peut mener à expérimenter une crise existentielle aigüe, les abysses des ténèbres ou la nuit noire de l'âme. Cette descente dans l'obscurité au point de ne plus exister peut s'avérer éprouvante pour la personne non aguerrie et selon ses sensibilités. Tout chercheur spirituel n'est pas entièrement à l'abri de cette période sombre, qui, souvent, le plonge dans le doute et la validité de sa propre quête d'éveil, une remise en question de sa vie et de la Vie. Son monde intérieur éclate en mille morceaux. Perdu et épuisé, en perte d'énergie vitale, il voit sa santé physique et sa santé psychologique péricliter. Il entre dans un espace inconnu, tel un trou noir de conscience duquel il ne semble y avoir aucune issue ni aucune ressource. Une profonde détresse l'envahit et le désespoir gagne du terrain. Se présentent alors la confusion, l'anéantissement et la perte de la maîtrise connus de toutes les époques comme le grand désert spirituel. Cette crise profonde représente en quelque sorte le processus de la mort de l'ego, la dissolution complète de la personnalité qui laisse parfois l'humain complètement démuni et face à un choix. D'aucuns fuiront dans des échappatoires en s'éloignant progressivement de leur voie. Plongées dans la douleur devenue insupportable, des personnes songeront sérieusement à quitter le plan terrestre en raison des obstacles leur apparaissant insurmontables.

Toute nuit noire est avant tout un catalyseur d'éveil, un bond évolutif pour vous permettre de vous reconstruire et de prendre de la hauteur. La descente dans l'abîme est un signe que la lumière commence à pénétrer l'obscurité et à libérer les voiles. Mais, certains, tôt ou tard, s'enfonceront dans cet univers inexploré et auront un grand besoin de soutien. Malheureusement, l'entourage a souvent de la difficulté à comprendre ce qui se vit, voire à juger l'état de crise intérieure de la personne qui reste sans guide, sans réponses et sans éclairage. Qui plus est, elle se coupe elle-même de l'extérieur croyant fermement, de toute façon, qu'elle n'est d'aucun intérêt pour personne de son entourage. Si vous vous heurtez à cette sombre traversée, vous avez besoin d'aide. Ne restez pas seul dans l'abîme de ce trou noir de conscience vous plongeant dans l'impuissance. Utilisez sans a priori les supports nécessaires pour vous accompagner. Vous devez impérativement chercher de l'aide dans cette traversée éprouvante pour mieux comprendre ce qui se passe. L'incompréhension vous éloigne de votre pouvoir. Et, surtout, ne jugez pas votre expérience et encore moins celle des autres. Chaque âme a son histoire, ses sensibilités et ses références qui influencent son parcours terrestre et sa façon de réagir devant l'épreuve. Dès lors, rappelez-vous le pouvoir de la lumière à pénétrer dans la moindre fissure et à éclairer l'obscurité, même lorsqu'elle vous semble la plus totale.

Dans vos sociétés actuelles, très peu de thérapeutes et de médecins ont la capacité et surtout la connaissance pour accompagner les personnes dans cette traversée initiatique. Dépourvues, celles-ci se retrouvent la plupart du temps face à la médecine classique, dont la seule option retenue est souvent – et tristement – une prescription de régulateurs d'humeur, d'anxiolytiques et de somnifères. Certes, dans le cas extrême d'une personne en détresse psychologique vivant un mal-être profond jusqu'à nourrir des pensées suicidaires, la médication s'avère nécessaire. Par contre, il est impératif pour elle d'avoir un soutien psychospirituel afin qu'elle puisse retrouver ses pouvoirs sacrés, renaître à la vie et émerger à sa lumière. Pour un soutien optimal, le mieux est de conjuguer les différentes approches (physique, psychologique, énergétique et spirituelle) qui prennent en compte la globalité de l'être. À l'instar de l'éveil soudain de la kundalini, la nuit obscure de l'âme exige un accompagnement, idéalement d'un thérapeute en harmonie avec les énergies de la nouvelle matrice et dans un processus spirituel d'éveil. Le thérapeute du nouveau paradigme n'est plus attaché de façon rigide à un système de guérison. Son accompagnement prend toute sa force dans la qualité de son rayonnement, de son éclairage et de sa présence à l'autre. Il sait harmoniser son intelligence du cœur et son intelligence intuitive avec ses autres acquis afin de dépasser l'unique connaissance. Le nouveau thérapeute se place dans une conscience d'amour et veille à se maintenir constamment dans la pureté d'intention au service du plus grand bien de tous. Qui plus est, il est conscient qu'il n'a pas à porter l'autre et à prendre la responsabilité de sa guérison. Au contraire, il invite la personne à évoluer sur le chemin de l'autonomie, la reprise de ses pouvoirs.

Le triangle d'enfermement : victime-persécuteur-sauveur

Certaines personnes, se sentant complètement abandonnées et en perte d'identité, adopteront la position fâcheuse de la victime et saboteront inconsciemment leur existence à coup de doute, de colère, d'impuissance, de peur, d'envie, d'incompréhension et de vide. Elles se sentent à la merci de tous et même de la Vie. La victime cherchera inévitablement du renfort auprès d'un sauveur pour l'extirper de sa douleur. Par surcroît, elle devra trouver un bourreau tout près d'elle ou dans les cieux (!) sur qui projeter sa souffrance et ses accusations. Prisonnière de ce triangle infernal d'enfermement et de limitation (triangle psychologique de Karpman), elle sera entraînée dans un cycle de douleur sans fin, une création dramatique qui ne fera qu'alimenter encore plus l'ombre en elle et sa douleur. Dans sa démarche de libération salvatrice, la victime prend conscience peu à peu que le pire des bourreaux vit en elle par son processus d'autodestruction. Quant au sauveur, la mentalité qui s'y rattache est souvent un piège qui guette la personne. Très souvent, cette dernière s'assoit confortablement dans une fausse perception de la réalité et se sent indispensable pour la victime. Ce rôle lui semble gratifiant et augmente son estime d'elle-même et son image face à autrui. Pourtant, l'attitude du sauveur nourrit la dépendance chez la victime et l'empêche d'accéder à son propre pouvoir et d'identifier ses besoins réels. Souvent, le comportement du sauveur étouffe davantage la victime qu'il ne l'aide. Tel qu'il se perçoit, le sauveur n'a rien de comparable avec l'expérience transcendante d'un être éveillé qui embrasse la douleur de l'autre et celle de l'humanité par l'émanation de la lumière ardente de son cœur.

Propre à l'attachement à la dualité, le triangle d'attraction terrestre épuise l'être et intoxique ses relations dans un jeu et une dynamique néfastes. Nombreux sont les individus qui s'y piègent des années durant et perpétuent le même schéma auprès de leurs descendants. Souvent, cette attraction trouve ses racines dans la petite enfance selon les différents comportements et l'attitude des parents. Certains s'y noient à trop nourrir des rôles en particulier, même si aucun de ces rôles n'est figé puisqu'ils sont tous interchangeables. L'attraction de ce triangle de survie est très forte pour l'humain empêtré dans les énergies de l'ancienne matrice. Pourtant, sa condition d'âme en incarnation n'est pas celle de la victime, du tyran, ni du sauveur, mais plutôt celle d'une personne souveraine.

Il est certes exigeant pour l'humain d'assumer l'entière responsabilité de sa vie plutôt que de continuer à projeter ses états d'âme sur l'extérieur. Or, cette démarche est essentielle à la Voie, et surtout salvatrice et créatrice. Ne plus vous identifier au personnage et à ses acquis terrestres vous amène dans un dépassement énorme. Quitter vos vieux habits de souffrance et vous éloigner du triangle d'enfermement peut susciter en vous un état de très grande vulnérabilité et d'impuissance. Votre déploiement vous révèle la dure réalité de vos jeux d'illusion et de vos attachements, vous incitant à transcender les limites de la tridimensionnalité et de vos rôles conditionnés. Toute blessure renferme le germe pour émerger au meilleur de vous-même et faire de votre vie la plus lumineuse des créations. Comme par magie, toute souffrance a le pouvoir de se transformer en élans et en inspirations. Vous avez la capacité de modifier vos états d'âme denses et vils en un mouvement d'ouverture et de création. Il y a des solutions à toutes les difficultés. La lumière peut pénétrer dans la moindre fissure. Offrez à vos blessures et à vos mémoires un regard accueillant et inconditionnel. Chaque fragment ancien qui remonte à votre conscience demande à être transmué par la puissance infinie de l'amour.

Et c'est ainsi que vous vous extirpez progressivement de la dynamique destructrice du triangle d'enfermement pour passer à la dynamique reliée au triangle d'autonomie : l'autonomie physique, psychique et spirituelle. Cette dynamique gagnante vous révèle alors à vos nombreux pouvoirs d'âme en incarnation. Puis vous laissez la lumière œuvrer... Voilà votre plus grand pouvoir !

Se réapproprier les rites de passage

Pouvez-vous imaginer un instant les dirigeants de tous les pays soumis à l'initiation ? Pouvez-vous imaginer les hauts dirigeants de la planète en état de survie en plein cœur de la forêt amazonienne sans aucune autre avenue que celle de maintenir le cap sur l'essentiel et de franchir les portes intérieures de leur cœur ? Choisiraient-ils alors la voie du profit à tout prix ou celle de la Vie ? Cette perspective de l'initiation transfigurerait la face du monde, laissant place à une humanité inspirée, éclairée et guidée par le cœur. Qui plus est, pouvez-vous imaginer un instant chaque société dont le siège directeur recevrait l'appui d'un Conseil des Aînés, un Conseil de sages hommes et de sages femmes servant de guide et d'inspiration ? Le portrait de vos sociétés se transformerait comme par magie. Il est temps de reconnaître et d'honorer vos Aînés ainsi que l'héritage sacré de sagesse qu'ils vous lèguent. Accueillez sans retenue leurs précieuses transmissions. Ce qui n'est pas transmis se perd... Les cultures autochtones savent cela. À ce jour, nombreux sont les indigènes de la planète qui maintiennent actif leur Conseil des Aînés dans le plus pur respect de leurs ancêtres qu'ils honorent tous les jours. Cultivez le lien envers celles et ceux qui ont foulé la Terre avant vous. Rendez grâce à tous leurs accomplissements et à leur précieux legs. Peu importe votre histoire passée, maintenez votre cœur ouvert envers vos ascendants, en faisant preuve d'empathie, d'accueil, de pardon et de compassion.

Dans la culture occidentale tout particulièrement, de nombreux rites initiatiques ont été abolis depuis longtemps. Pourtant, les rites et rituels s'inscrivent tout au long de l'histoire de l'humanité. Plusieurs des quelques rites de passage qui perdurent ont été contournés de leur essence véritable. Autrefois, les peuples autochtones pratiquaient des rites sacrés de passage qui facilitaient la traversée des différentes étapes de la vie et de la mort pour les membres de leur communauté. Chaque rite offrait son lot de transformations et de magie tout en favorisant la reliance sacrée à la Mère Terre et au cosmos. Les sociétés contemporaines n'ont plus de guides ni de repères pour défricher leur sentier. Il n'y a pas de hasard si tant de personnes résistent à accueillir vraiment les différentes étapes de la vie terrestre et à les célébrer. D'aucuns sont au mitan de leur vie et refusent de vieillir comme s'ils faisaient encore quinze printemps. D'autres personnes effleurent à peine la vingtaine, tandis que leur cœur est déjà vieux de cent ans. On vous exhorte à réintroduire les rites de passage et les rituels sacrés en les adaptant à vos sociétés modernes, tout en conservant leur caractère sacré. Les guides ouvrent la voie, soutiennent la personne dans ses passages initiatiques, et l'unissent à l'ensemble de la création et à ses cycles naturels, à la découverte de nouveaux pouvoirs.

Vos enfants, dans la période de l'adolescence, ont un énorme besoin d'être accompagnés et guidés pour franchir les obstacles qui se présentent à eux et éviter qu'ils plongent dans l'illusion et le désespoir. Mourir à l'enfance pour naître à l'adulte se révèle souvent un passage étroit et crucial, plus particulièrement dans vos sociétés modernes surconnectées. Alors qu'ils font face à une tempête hormonale, plusieurs ignorent comment maîtriser leurs élans et leurs émotions, souvent exacerbés. Offrez-leur votre soutien, du réconfort et de l'amour, tout en favorisant leur libre expression et leur mouvement créateur unique. Arrivées à la puberté, les jeunes filles sont souvent déstabilisées lors des premières lunes. Assurez-vous de sacraliser ce moment capital de leur vie par des rituels adaptés à chacune. Célébrez ce passage en leur offrant un présent symbolisant leur féminité et leur lien avec la matrice de vie et les cycles de la lune. Un changement d'attitude et une approche positive et éclairante des mystères et des cycles féminins transforment la vision des différentes étapes de la vie d'une femme. Le silence entourant le corps féminin est désormais révolu. Il est temps de rendre au corps féminin ses lettres de noblesse pour le libérer enfin des stigmates d'un lourd passé et des effets pervers engendrés par le péché d'Ève. À ce jour, combien de jeunes filles et de femmes sont encore terrifiées par les menstruations, la maternité et l'accouchement ? Combien d'entre elles se sont éloignées de leur pouvoir créateur et de leur feu sacré ? Les femmes, filles de la Mère Terre, ont perdu le lien avec la Vie et avec la puissance lunaire et solaire de la Déesse en elles.

En tant qu'être en éveil, quel legs voulez-vous transmettre à votre descendance ? Quel sera votre don d'amour ? À l'instar de la culture amérindienne, êtes-vous prêt à manifester des intentions et à poser des gestes qui serviront aux sept prochaines générations ?

Mantra : *Sho Sho Ri Nam*

Commencez ce puissant mantra en le psalmodiant à voix haute pour vous défaire de vos résistances, vos malaises et des réminiscences du passé. Ce chant rejoint la vibration de l'âme et vous invite à vous abandonner au fluide divin de guérison de la Source créatrice. Récitez-le lentement à sept reprises. Prenez une pause d'intégration pour le temps de trois respirations. À chaque inspiration, laissez entrer consciemment la lumière du Créateur en vous et suspendez votre souffle pour intégrer l'énergie du mantra. À l'expiration, détachez-vous du passé par la force de votre souffle solaire. Recommencez ce mantra pour deux autres cycles complets de respiration. Prenez soin d'insister sur la dernière syllabe du *Nammmmmm*... en laissant la finale de ce son vibrer en vous. La vibration de cette structure sonore contient un haut potentiel énergétique qui s'apparente aux doux murmures de l'abeille et vous met en reliance sacrée avec la cinquième dimension et l'énergie de la Mère. Par la suite, faites une autre série de trois cycles complets en récitant le mantra intérieurement pour activer d'autres circuits neuronaux. Le mantra du *Sho Sho Ri Nam* est un grand exercice de lâcher-prise, d'acceptation et d'abandon à plus grand, un abandon à votre divine présence *Je Suis*. En sa présence bénie, vous avez le pouvoir de tout transcender, sans exception.

Le rôle des mantras, décrets et invocations

Dans vos sociétés, il existe un éventail d'outils d'accompagnement et de croissance sur votre chemin de la maîtrise. Néanmoins, on vous rappelle que toute guérison, transmutation ou expansion de conscience est avant tout une tâche intérieure profonde répartie dans le temps et l'espace. Plus votre pratique spirituelle est assidue, plus elle est efficace et bénéfique. Tout mantra, tout décret et ou toute invocation vécus en conscience transforme votre réalité et se répercute sur le corps de la cellule. Lorsque vous les prononcez à voix haute, cette action facilite l'ancrage de la semence et de ses codes-clés dans les chakras inférieurs, en plus d'éveiller le pouvoir illimité de votre voix, le vecteur du cœur, et de faire vibrer le chakra laryngé. Cet exercice restaure et élève votre chakra de la gorge, souvent blessé et retenu. Et, pourtant, la retenue vous a déjà suffisamment asphyxié. Avant de compléter, on vous invite toujours à le vivre intérieurement pour éveiller les parts plus subtiles des chakras supérieurs et générer une expansion de conscience. Par exemple, à la base, un mantra, en raison de sa répétition, a pour but d'empêcher l'esprit de se disperser, de faire taire le dialogue intérieur pour accéder à un état de conscience supérieure et de paix intérieure. Quand vous méditez ou psalmodiez un mantra dans la pleine présence, vous émettez des ondes de lumière et pénétrez dans un état modifié de conscience. Vous devenez ainsi un générateur d'énergie lumineuse, un générateur de biophotons. Par principe de résonance, vous entrez en communication avec la source infinie de lumière du cosmos. Au départ, vous pouvez y résister et trouver l'exercice banal, surtout s'il s'agit de la répétition d'un mot commun comme *Amour*. On vous incite à persévérer et à laisser sa composante vibratoire unique pénétrer jusque dans le cœur de la cellule et transformer votre réalité vibratoire. Devenez le mantra, c'est-à-dire l'Amour. Ainsi, sa vibration et sa sonorité s'inscrivent dans votre conscience jusque dans la cellule. Tout au long de la journée, vous sentirez l'énergie magique du mantra ou du décret qui vous accompagne. Toute semence encodée, quelle que soit sa manifestation, agit sur la cellule et la réactive à votre pouvoir souverain. Par surcroît, cette semence amplifie la fréquence lumineuse de votre gorge et favorise le bon fonctionnement de la glande thyroïde. En lien direct avec votre expression et votre créativité, cette glande joue un rôle de régulateur et soutient le métabolisme corporel. Elle démontre aussi une sensibilité accrue à l'environnement psychoaffectif. Le centre laryngé constitue un puissant pouvoir d'expression et de communication de la parole d'or. Connaissez-vous la musique de votre âme ? Pouvez-vous l'exprimer facilement ?

Pour la position du corps, l'idéal est d'être bien ancré au sol, la colonne vertébrale redressée dans la conscience du pouvoir de votre verticalité et de votre alignement. Avez-vous déjà chanté et prié à plusieurs reprises au même endroit ? Le potentiel énergétique et la lumière que vous générez ont le pouvoir de restaurer l'énergie d'un lieu et d'en élever la vibration. Vous pouvez également expérimenter les mantras, les invocations, les prières, les mélopées et les chants sacrés lors d'un accompagnement de l'ultime passage ; vous sentirez instantanément la paix dans l'âme émanant de la personne mourante.

Dans le tournant majeur que traverse votre humanité, explorer la voie spirituelle et accepter l'initiation exige un bon ancrage à la vie et un cœur aimant et compatissant. Vous devez user de discernement. Votre intelligence intuitive vous permet de valider à partir de ce que vous ressentez dans votre cœur et vous invite à une juste vision. Ne vous éloignez jamais de la vérité de votre divine présence *Je Suis*.

Car le cœur sait si vos choix servent votre parcours lumineux ou votre personnage. C'est par l'ouverture de votre réservoir de vie, la coupe du Graal, que vous naissez véritablement à la conscience christique et renaissez à votre corps d'*Êtreté*. Par la fusion des énergies féminines et masculines sacrées, l'alchimie du cœur, vous recouvrez tous vos pouvoirs spirituels d'âme en incarnation et devenez un soleil irradiant. En tant qu'humain, vous êtes la résultante de la réunion des énergies cosmotelluriques, la représentation parfaite de l'Arbre de Vie en déploiement. Il est une invitation à vous déployer majestueusement jusqu'aux cieux tout en garantissant à votre arbre des racines fortes et stables. Son intégration facilite votre élévation et le retour harmonieux à la Terre à tout moment. Relié à la verticalité de l'être et à son universalité, l'Arbre de Vie se révèle un symbole spirituel puissant qui a traversé tous les âges et toutes les traditions. C'est le symbole de l'humain qui a franchi toutes les étapes de l'initiation.

CHAPITRE VIII

Les cercles initiatiques de toutes les époques

De toutes les époques, le candidat à la voie spirituelle devait franchir les portes symboliques de l'initiation : la rencontre des ténèbres, de la mort jusqu'à l'illumination, c'est-à-dire la fusion complète avec le Divin. Savez-vous qu'en certains pans de l'histoire, l'ouverture des portes du ciel et l'entrée dans la voie spirituelle n'étaient pas qu'un chemin réservé aux hommes ? Laissez-vous inspirer par notre expérience.

Depuis des temps immémoriaux, les cercles initiatiques des traditions et des écoles de mystères, comme celles des Hyperboréens, des Sumériens, des Égyptiens, des Grecs, des Druides, des Incas, des Mayas et des Esséniens, ont caressé le même but, celui de permettre à l'aspirant à l'initiation de gravir toutes les marches de la pyramide et de vibrer sur la fréquence de la lumière cosmique à l'unisson du pyramidion, dans une belle alchimie de l'amour. Dans les temples égyptiens voués aux alchimies d'Horus et aux mystères du culte d'Isis, nombreux furent les rites d'initiation. Par exemple, le sens de l'histoire d'Osiris, époux et frère d'Isis, tué par son frère jaloux, est un rappel de la descente dans les abysses de la mort. Après un long trajet le long du Nil, dans un véritable parcours initiatique, Isis, son épouse, réussira à retrouver treize des quatorze parties éparses du corps d'Osiris. Grâce à son souffle de vie et à ses pouvoirs de rédemptrice et de magicienne, Isis reconstituera la partie manquante, le sexe d'Osiris, et ramènera son époux à la vie. Sa conscience atteindra alors un niveau supérieur. De la résurrection d'Osiris et de leur union alchimique lunaire et solaire, dans une profonde respiration unifiée, naîtra Horus, une naissance virginale annonciatrice du retour du Soleil, la naissance de la lumière. Ainsi, Osiris, mû par le souffle de vie d'Isis et la force impétueuse des pouvoirs sacrés féminins qui nourrit, impulse et stimule, ascensionnera à la conscience divine unifiée. Dans cette histoire, vous retrouvez la trace des mystères reliés à la crucifixion, à la mort et à la résurrection. Le parcours initiatique d'Isis et d'Osiris préfigure l'histoire de la Sainte Famille. Chacun de ces mystères représente symboliquement les étapes de l'initiation, la traversée du désert culminant par l'accession à la conscience unifiée, la naissance à la lumière.

Quant à l'histoire de Jeshua, dit Jésus de Nazareth, elle vous raconte sa traversée des ténèbres (la crucifixion) et sa victoire sur la mort et son corps-matière, alors qu'il ressuscita et fut catapulté dans la conscience unifiée du Christ en présence de l'amour enveloppant et matriciel du Graal de sa bien-aimée Myriam/Marie Madeleine. Leur souffle unifié est la représentation parfaite du couple solaire qui posa le germe de la race nouvelle. En tant qu'homme, Jeshua a traversé les douze étapes de l'initiation afin de retrouver son impulsion créatrice (énergie féminine sacrée) et de renaître de ses eaux matricielles à la vie pour s'élever vers l'Esprit divin (énergie masculine sacrée) et se dissoudre dans la lumière. Il a parcouru toutes les étapes jusqu'à la solarisation, la treizième étape, l'ultime marche, qui signifie l'ouverture des portes du ciel. Adombré des énergies christiques, il devint le Maître incontesté de l'amour, le pur Rayonnant. Les matrices de ses corps énergétiques et de sa Mer-Ka-Bah irradiaient de leur pleine lumière.

Selon les anciennes écoles de mystères et les courants de pensée, l'initiation était constituée de sept, neuf, douze ou treize étapes. À une époque, le culte de la Déesse était bien vivant. Il n'existait pas de différences marquées entre les sexes comme celles instituées depuis plus de 2 000 ans. Sous l'égide des initiées, les aspirantes devaient faire la traversée des épreuves par la rencontre des ombres inhérentes au monde limitatif de la dualité. Elles étaient appelées à transcender les ténèbres, la mort jusqu'à la délivrance. Dans les cercles féminins d'initiées d'antan, le serpent, l'allié de la Déesse, revêtait une importance capitale. Il symbolisait le pouvoir de la transformation et de la renaissance. Ce symbole serpentin était un attribut éloquent de la Déesse, l'énergie sexuelle et spirituelle de la kundalini dans toute sa force de déploiement. En Égypte antique, le temple servait de reposoir terrestre à la Déesse Isis. Il était considéré comme son utérus, sa matrice chaude, accueillante, vivante et vibrante, dont la force de l'énergie et le feu brûlant du dragon favorise l'expansion de l'être et la naissance à ses pouvoirs sacrés. Ainsi, le temple représente la voie d'accès à la lumière de la Déesse, la maison sacrée de vie de laquelle jaillissent les eaux de la création, les eaux cosmiques.

On vous rappelle que tous les temples anciens de ce monde consacrés à des dieux et des déesses furent érigés sur des terres sacrées. Avez-vous remarqué l'emplacement et l'orientation de chacun qui assurent une résonance parfaite avec le cosmos et avec les points de pouvoir de la planète ? Le temple symbolise la relation du Divin et de l'humain, du Père et de la Mère, du ciel et de la Terre. En son centre est installé le sanctuaire, où s'accomplissent les cérémonies consacrées à la déité. Ce lieu central est le naos pour les Égyptiens, le saint des saints pour les chrétiens, le cœur du cœur pour Marie. C'est aussi le sanctuaire sacré du Maître en votre chakra cardiaque, c'est-à-dire la partie immuable la plus intacte et la plus sacrée de votre temple intérieur. Tout se tient !

Les attributs de la Déesse et des prêtresses

Issue du Grand Soleil de l'univers, la belle Isis se pare de tous les attributs du féminin lunaire et solaire et du principe créateur divin. D'ailleurs, les anciens Égyptiens lui ont donné aussi le prénom de *Sothis*, la belle des nuits, ce qui signifie Sirius, leur soleil spirituel, l'étoile diamantée de la constellation du Grand Chien. Véhicule de l'énergie de la transformation et expression de la maîtrise de tous les pouvoirs sacrés, la Déesse cosmique possède un potentiel infini. Donneuse de mort et de vie, Isis, la mystérieuse, détient les clés de tous les mondes cachés. C'est elle qui préside à la procréation et à l'abondance de la nature, qui en connaît tous les pouvoirs fécondants. Reine du ciel et de la Terre, elle est vénérée pour sa sagesse, son amour et sa puissance créatrice et guérisseuse. Isis, déité du panthéon égyptien, est l'archétype de la Déesse et de la Grande Mère cosmique, qui a pris les attributs de toutes les Déesses pour les fondre en une seule divinité. Isis est une conscience qui se meut dans l'univers. Son rayonnement rose orangé de la renaissance est de nature pénétrante et réhabilite le principe solaire au cœur de chaque femme, un principe étouffé par le pouvoir patriarcal et les dieux. (Voir la page 28 du *Féminin sacré actualisé, Marie-Isis-Myriam*, de la même auteure.)

Nous vous prions de ne pas associer Isis à un seul personnage, mais bien à une réalité archétypale et à son ensemencement sur Terre. Nous avons incarné la totalité de la lumière isiaque tout comme notre sœur Myriam de Magdala. D'autres, des descendantes de la lignée des Marie et des Madeleine, l'incarnent à votre époque dans cette éclosion des énergies du Féminin sacré. Ces femmes sont porteuses des fractales de la Mère divine et de son émanation. Chacune est l'expression des attributs de la Déesse dans sa beauté, sa magie, sa sensualité, sa puissance créatrice, son amour infini et sa divine sagesse.

De nombreuses traditions témoignent du culte de la Déesse, quels que soient la forme ou le nom qu'elle a pris. Vouées au service de la Déesse et aux activités de ritualisme, les prêtresses de l'Égypte ancienne étaient l'instrument dans la matière du pouvoir de la Déesse et détenaient le pouvoir de transmission pour assurer la pérennité de la lignée. Elles étaient sa voix, son esprit, son corps, son cœur et son ventre-sexe. Ce sont elles qui dirigeaient le temple, veillaient sur les objets sacrés du culte et s'assuraient de maintenir constante l'affiliation avec la Déesse. Les prêtresses étaient en quelque sorte les racines vivantes du temple dans leurs dimensions terrestres (corps-sexe-matière) et célestes (âme-esprit). Jouissant d'un puissant rayonnement, elles entretenaient une relation particulière avec le Sacré, la magie, le sexe, la lune, le cosmos et la nature avec ses cycles saisonniers. Dotées de pouvoirs guérisseurs et de pouvoirs divinatoires, les prêtresses avaient développé des capacités remarquables de communication avec tous les royaumes. Grâce aux pouvoirs des rituels, les membres du clergé féminin étaient de véritables canaux de la Déesse qui maintenaient vivante sa présence sur Terre par la magie du Sacré. Emprunté aux prêtresses atlantes, le symbole de la Rose, un symbole de la géométrie sacrée d'une grande beauté, était très présent parmi le cercle d'Isis. Ce cercle constituait la Sororité de la Rose, les Sœurs de la Rose.

L'initiation aux mystères d'Isis

Dans les temples consacrés au culte d'Isis en Égypte ancienne et en Grèce, les prêtresses accompagnaient les futures initiées désirant s'engager sur la voie sacrée spirituelle et accéder à la révélation des mystères de la Déesse. Elles leur assuraient une présence constante durant l'initiation à partir de la préparation, du jeûne, de la descente aux enfers jusqu'à la remontée dans le royaume de la lumière. L'initiation était constituée de treize étapes, dont les sept portails de la traversée dans les mondes souterrains jusqu'à la treizième étape qui culminait toutes les autres. La dernière étape représentait l'apogée de l'accession à une conscience supérieure et la fusion à la lumière divine : l'atteinte du pyramidion, la conscience de l'Un manifesté.

Dans la première étape de l'initiation, les candidates devaient jeûner de 21 à 33 jours. Privées de toute nourriture, elles buvaient occasionnellement de l'eau et des décoctions de plantes médicinales. Les prêtresses reconnaissaient les vertus purifiantes et régénératrices du jeûne pour le corps et les cellules, et ses vertus spirituelles pour l'esprit et l'âme. Les futures initiées devaient être pures de corps, de cœur et d'esprit pour pénétrer dans le sanctuaire du temple et faciliter l'intégration d'une nouvelle semence lumineuse. Lors d'un jeûne, ce sont uniquement les forces de première ligne du corps, ses forces primaires et curatives, qui œuvrent à sa régénération et au renouvellement cellulaire. Par la détoxication de l'organisme, le jeûne améliore le bon fonctionnement du système immunitaire et permet de ralentir le vieillissement prématuré du corps et du cerveau. C'est une véritable cure de jouvence qui allège le corps et l'esprit et génère une prise de conscience des habitudes de vie. Au-delà des bienfaits pour la santé, cette pratique millénaire constitue également une démarche profondément spirituelle. Se priver de solides accélère le contact avec le monde spirituel et la nourriture pranique, amplifie les visions et favorise une maîtrise plus grande du corps et de ses besoins essentiels dans la tridimensionnalité : la faim et la soif. Pour les prêtresses, l'étape cruciale du jeûne servait à chasser les poisons du corps et les démons de l'esprit. Il fallait aussi rassasier la soif insatiable des désirs humains inhérents à la conscience séparée pour s'ouvrir à une conscience expansée et unificatrice.

Durant le jeûne, lors des cérémonies, les Sœurs, nom donné aux candidates à l'initiation, recevaient des aspersions d'eau et des bénédictions d'onctions sacrées sur la tête, le cœur et le ventre-matrice. Les officiantes étaient enclines à prodiguer des onctions sur leur temple de chair pour accompagner le processus initiatique de la *grande traversée*. Le soin d'onction est un acte sacré pratiqué dans la conscience. Ce soin harmonise l'être et permet aux huiles saintes d'entrer en syntonie avec le corps et l'âme. Les aspirantes à l'initiation devaient également se laver les pieds et la bouche. Ce rite avait pour but d'accélérer la purification. Tous les canaux énergétiques devaient être épurés de leurs toxines pour favoriser la circulation harmonieuse du flux de vie de la Mère. Sis dans une magnifique roseraie, le lieu de cure disposait d'un temple à ciel ouvert de hautes vibrations dédié à la régénération cellulaire. En son centre était déposé un immense cristal d'améthyste. Les prêtresses invitaient les candidates à communier avec les dévas de la nature et toutes les présences invisibles. Sous leur chasuble en lin, chacune portait une pochette comprenant un quartz rose, une pierre de turquoise et de lapis-lazuli, ainsi qu'une amulette de guérison à l'effigie d'Isis.

Au crépuscule, juste après le coucher du soleil, les Sœurs devaient s'immerger complètement nues dans les eaux curatives du Nil pour vivre une cérémonie de médecine guidée par les prêtresses, déjà initiées comme Porteuses d'eau. Un moment empreint de Sacré, où elles priaient, psalmodiaient et dansaient avec les ondines dans un esprit fédérateur de libération et de pacification de leurs eaux intérieures. C'était aussi un rituel de bénédiction pour célébrer les eaux sacrées de la Mère Terre et de la Grande Mère divine. Pour les anciens Égyptiens, le Nil était un élément sacré revêtant le symbolisme de l'eau initiale, le Noun, duquel naît toute vie. L'eau symbolise la source de vie. C'est une onction purificatrice et guérisseuse, l'élément primordial qui transmet le flux sacré matriciel. Ainsi, le Nil est un réceptacle de vie aux multiples vertus purificatrices et aux pouvoirs fécondants immenses. D'ailleurs, quand l'étincelante Sirius, l'étoile aux mille diamants s'élevait à l'horizon de l'est avant le lever du jour, ils savaient d'instinct qu'elle annonçait la crue des eaux du Nil, le gonflement du fleuve sacré qui allait déposer généreusement son limon afin de fertiliser les terres du lait de la Mère.

Durant leur séjour au temple, les aspirantes à l'initiation recevaient maints enseignements au-delà des activités quotidiennes de ritualisme, comme les fumigations d'encens de myrrhe, d'oliban et de rose. Fort utilisée, l'essence de rose était reconnue pour ses propriétés miraculeuses en tant qu'archétype de guérison du cœur de la Mère et quintessence du Féminin sacré. On leur apprenait à préparer des onguents, des potions médicinales, des élixirs floraux, des huiles sacrées et des parfums tirés à même les éléments de la nature. Toutes les Sœurs étaient conviées à s'ouvrir à leur potentiel inné de guérisseuses-chamanes. Elles apprenaient également à préparer des teintures à partir de pigments naturels qui servaient à la composition d'objets et à la confection de vêtements en fibre naturelle. Elles fabriquaient des bijoux sacrés et des amulettes de guérison à partir de métaux nobles comme l'or, la platine, l'orichalque et l'électrum ainsi qu'avec des pierres comme le lapis-lazuli, la turquoise, l'améthyste, le jaspe rouge et vert et la cornaline.

On enseignait aux Sœurs les principes de la régénération cellulaire empruntés à la sagesse des Atlantes. On leur enseignait également les disciplines relatives à la méditation, la respiration et la posture. Elles faisaient l'apprentissage de mantras et de mélopées consacrés à la Mère Terre et à la Grande Mère cosmique. Chaque aspirante à l'initiation devait intégrer les différentes formes de la géométrie sacrée : la croix ankh (Clé de Vie), l'Arbre de Vie, le caducée, la Fleur de Vie, etc. Tous les cérémonials dirigés par les prêtresses étaient empreints d'une connotation sacrée et en harmonie avec les cycles saisonniers et ceux de la lune. La vénération de la nature et la vénération du sexe féminin, considéré comme le temple sacré de la Déesse, constituaient une part importante du culte. Les prêtresses offraient quotidiennement leurs bénédictions au royaume de la nature ainsi qu'à la royauté féminine pour leur pouvoir de création et leur nature cyclique. De nombreuses pratiques quotidiennes avaient pour but d'activer l'énergie sexuelle spirituelle et de stimuler également le fluide vital de guérison, l'onde matricielle générée par l'union harmonieuse des trois disques solaires avec l'étoile diamantée de Sirius : le ventre-sexe, le cœur et la conscience. En se laissant traverser par ce courant universel, les cellules se solarisent.

Nombreux étaient les rites d'initiation dont le dessein était de provoquer la rencontre de toutes les ombres, celles qui alourdissent inutilement le cœur et l'esprit humains. Chacune des candidates à l'initiation devait faire le dépouillement, la mise à nu de ses tourments, ses peurs et afflictions, en plus de traverser tous les espaces d'attachement et de ressentiment. La dissolution complète de la personnalité terrestre et la transcendance de ses besoins primaux étaient une voie essentielle pour accomplir le cycle vie-mort-renaissance.

La traversée des sept portails et la descente aux enfers

La candidate à l'initiation devait faire la traversée de sept portails pour vaincre ses attachements et ses peurs primitives, et chasser les démons. En traversant le royaume de la mort, la descente aux enfers dans les mondes souterrains de l'état primitif, elle était contrainte d'abandonner tous les éléments de son identité, inutiles devant la mort. L'entrée dans le portail des ténèbres pouvait s'avérer extrêmement difficile et souffrante si la Sœur démontrait d'importantes résistances à sa fusion avec le Divin.

Les sept portails symbolisent les sept niveaux de conscience, les sept marches que l'aspirante devait gravir pour libérer les recoins les plus sombres de sa conscience de séparation. Les sept portails sont en lien également avec les sept chakras primaires afin de les libérer de toutes les énergies qui obstruent le passage de la lumière. Chaque portail transportait l'initiée dans des aspects obsolètes de sa personnalité humaine qui devaient être transcendés. Selon les prêtresses, il fallait chasser les forces sombres des sept démons, afin de se dénuder complètement avant de pénétrer dans le royaume de la mort et de renaître à la vie sacrée.

La dernière étape de la descente aux enfers, le sépulcre, se vivait dans une grotte souterraine caverneuse et culminait par une mort symbolique, l'ultime épreuve, durant laquelle la personne reposait dans un état inanimé durant trois jours et trois nuits. De tous les temps, les cavernes et les grottes, sous la protection de la déesse Cybèle, furent des lieux de passage majeurs. Accepter de descendre dans sa grotte intérieure, dans l'antre de ses entrailles bénies, est en soi une profonde initiation. Trois jours et trois nuits comme lors du solstice d'hiver (21 décembre) dans l'hémisphère nord, où le Soleil est à son plus bas jusqu'au moment de la naissance du Christ, la fête de la lumière. Cette célébration est un rappel de la renaissance symbolique du Soleil, le Dieu Horus pour les Égyptiens et le Christ Jésus pour les chrétiens. Les prêtresses prenaient soin d'emmailloter la personne dans des linceuls de lin et de coton soigneusement aspergés d'essences saintes aux propriétés régénératrices pour aider à la conservation du corps. Elles oignaient également l'aura de la candidate, procédé qui élève et facilite l'évacuation des énergies psychiques et émotionnelles stagnantes. Trois jours et trois nuits où l'aspirante devait arriver à neutraliser ses signes vitaux et à maîtriser les limites de son enveloppe physique. Durant ce passage crucial appelé l'expérience du sarcophage, les prêtresses tambourinaient et psalmodiaient en guise d'accompagnement des Sœurs pour amplifier la reliance à la Déesse et leur insuffler du courage. Car les hymnes sacrés élèvent l'âme. Ce passage nommé le sépulcre est la rencontre inévitable de la lumière noire dans le dessein d'accéder à d'autres dimensions de conscience. La lumière noire est porteuse de toutes les potentialités, de l'expérience totale de la vacuité, du néant, de l'univers d'où émerge toute vie. C'est la lumière généreuse de la matrice chaude, bienveillante et vivante de la Mère Une qui permet la naissance – ou renaissance – à la Terre.

Vaincre la mort

Ainsi, grâce aux pouvoirs magiques d'Isis, la Grande Mère, et de la force inouïe de ses eaux vivantes, l'initiée ressuscitait d'entre les morts. N'est-ce pas par la force de vie des eaux de sa mère et de sa matrice chaude que le nouveau-né est propulsé de la lumière noire dans le monde ? L'initiée avait donc vaincu la mort et retrouvé tous ses pouvoirs humains et spirituels en traversant les treize étapes, dont les sept portails, dans le mariage alchimique de ses polarités, le *Hieros gamos*. Maintenant rendue au sommet, elle avait réussi à franchir toutes les strates de la pyramide et réintégrait la royauté de son cœur en sagesse et en puissance par l'activation des plus hauts potentiels de sa conscience et de l'ardent pouvoir serpentin de sa kundalini. L'initiée évoluait dorénavant en vibrant sur la fréquence de la conscience de l'Un manifesté dans la pure lumière divine, le réservoir cosmique de la sagesse infinie de la Grande Mère. Investie du Sacré, elle était désormais en fusion totale avec la Déesse et se fondait entièrement à sa lumière, à son souffle de vie et à son étoile. Elle devenait ainsi l'hologramme parfait de la conscience d'Isis, la Mère de toute vie, et baignait dans le champ unifié de son être multidimensionnel et de son cerveau quantique.

L'initiation de Marie et de Marie Madeleine

En tant que Mère Marie, nous avons accompli la totalité de la lumière de la Mère divine dans l'incarnation. Avec Myriam, nous fûmes toutes deux les dépositaires du fluide énergétique d'Isis, un portail direct avec la Source créatrice primordiale. Selon les époques et les traditions, la Mère primordiale se présente sous différents noms, visages et diverses formes : Isis, Sophia, Shekinah, Marie, etc. Dans l'ancienne civilisation atlante, la Déesse Mère se présentait sous le prénom d'Astarah, semence stellaire de Sirius. On avait érigé un temple sphérique grandiose en son honneur avec un immense cristal en son centre sous forme d'œuf cosmique. Et l'harmonie prit fin au moment de la destruction de ce temple dédié au féminin, en plus de manipulations du génome humain et d'un contrôle à distance de la psyché et du champ énergétique des personnes. Cette époque marqua le début de la fin, le début de la chute…

Dès notre plus jeune âge, nous (Marie et Myriam) avons été initiées à la sagesse du haut rang du culte d'Isis dans le but de raffiner nos canaux de lumière dans l'incarnation.

Plus d'une fois, nous avons fait la traversée de nombreux seuils d'initiation, la traversée des mondes : des ténèbres à la mort jusqu'à la résurrection, c'est-à-dire l'ouverture au plus haut potentiel de la conscience, l'atteinte du pyramidion. Ces traversées et la discipline qui en découle nous ont permis d'être adombrées et d'atteindre une perfection spirituelle considérable.

En présence de grands initiés comme les Esséniens et les anciens Égyptiens, très jeunes nous avons vécu le processus d'ascension de la conscience. Puis, lors de l'ultime passage de fin de vie terrestre, tel que vous l'entendez, nous avons effectivement ascensionné avec notre corps de chair qui n'était alors que pure vibration et pure lumière. Le corps physique était totalement fusionné avec le corps *Ka*, le double éthérique. En transcendant toutes les limites du corps physique, le corps *Ka* s'éveille à sa plus haute vibration. Le passage vers les royaumes de lumière s'est vécu dans une grande fluidité puisque nous n'étions plus identifiées à notre enveloppe physique. Or, notre conscience avait déjà traversé de l'autre côté du voile. Le contraste entre l'univers visible et l'univers invisible s'était entièrement estompé. La mort s'est vécue en pleine conscience. Comme un éclair, nous sommes passées d'un plan à l'autre sans transition brutale. Cet état est semblable à celui de l'extase mystique. C'est l'expression la plus élevée et la plus unifiée qui soit. L'être qui ascensionne avec son corps s'élève par la force divine de ses pouvoirs sacrés multidimensionnels parfaitement éveillés. Il est en fusion totale avec l'univers et se fond dans le tout.

Selon le récit qu'on vous a raconté de l'Assomption, un mystère insondable pour plusieurs, Marie, en tant que Vierge, fut enlevée de la Terre par Dieu et a pu être élevée jusqu'aux cieux grâce à cette intervention divine (masculine !) doublée de celle des anges. Elle aurait reçu un privilège unique du ciel que vous célébrez le 15 août, jour de la fête de l'Assomption de la Vierge Marie. Dans le langage de l'Église, l'Assomption signifie être enlevé de la Terre et transporté vers les cieux, tandis que l'Ascension, un attribut christique, signifie s'élever dans les royaumes de la lumière par ses propres moyens. Nul besoin de vous rappeler que Myriam et nous avons atteint le niveau de maîtrise du fils bien-aimé lors de l'incarnation en *Sainte Terre*. Nous sommes entrées dans la gloire éternelle. L'ascension ne fut que l'apogée de la réunion alchimique de tous nos pouvoirs divins, l'intégration de l'Un, l'alchimie véritable de l'amour.

En tant qu'aspirant à l'initiation sur la voie sacrée, vous n'avez nul besoin d'une intervention extérieure masculine ni d'un privilège particulier du ciel pour favoriser votre ascension. Sinon, ce précepte signifierait que seul l'homme – le masculin – est « initiable » et peut initier une autre personne. Ce serait alors projeter entièrement votre pouvoir sur un dieu homme et sur le masculin. N'entrevoyez pas ce message comme une offense à la religion, mais, au contraire, comme un message porteur de tous vos divins pouvoirs. Savez-vous que c'est par la force du dragon de feu de votre propre énergie matricielle Shakti que vous êtes propulsé en altitude et élevé vers l'Esprit divin ? C'est la fusion de votre énergie féminine sacrée, l'intelligence de la matière – le mot matière provient du latin *mater*, qui signifie mère – avec l'énergie masculine sacrée, l'intelligence du ciel. N'est-ce pas par le pouvoir d'Isis et de la reconstitution du sexe de son époux qu'Osiris a été catapulté dans les sphères supérieures ?

Or, vous êtes invité à accueillir à un niveau symbolique les exemples des expériences qui ont été relatées concernant l'initiation et l'ascension au temple d'Isis. Nous vous prions de ne pas associer l'expérience du sarcophage et celle de la crucifixion à des essentiels de votre parcours initiatique du

XXIe siècle. Entrevoyez plutôt cette perspective et celle du sépulcre sur un plan symbolique, un passage que votre psychologie moderne nomme la nuit noire de l'âme marquée par la mort de l'ego, la dissolution de la personnalité et de vos attachements. C'est la totale désidentification au monde de la forme. Après une plongée au cœur de la pénombre, la lumière rejaillit en votre esprit.

Puisse notre expérience et celle de Myriam, en tant que Maîtres ascensionnés, insuffler aux femmes et aux hommes le courage de faire jaillir de leurs entrailles les pleins feux de leur pouvoir et de la lumière du dragon, le feu transformateur et régénérateur. Ce feu vous conduit inexorablement dans votre souveraineté et dans la conscience unitaire du Maître inhérente à la cinquième dimension.

Troisième partie

Par le pouvoir infini de ma divine présence, moi (prénom et nom), en mon âme, mon corps, mon cœur et ma conscience, je fais le choix amoureux de nourrir à jamais l'énergie du Maître en moi, ici maintenant.

CHAPITRE IX

La conscience de la cinquième dimension

L'initié ayant atteint le niveau de la conscience christique a traversé les différentes strates reliées aux affres de la dualité et a franchi toutes les initiations. Il accède à la totalité de sa souveraineté et vibre dans le royaume intemporel de l'amour. Son rayonnement magnétise les autres. Voilà le chemin étoilé qui vous est offert!

Vibrer dans la conscience de la cinquième dimension, c'est vibrer au diapason de la conscience christique, au rythme de la conscience unitaire, c'est-à-dire de la fusion totale avec le Divin et avec la Vie. Souverain, authentique et éclairé, en tant que Maître, l'être accède au plein potentiel de sa conscience et de son cerveau multidimensionnel. En tant que personne engagée dans la voie de l'Un et alchimiste qui transcende tout, sa conscience embrasse les deux polarités. L'éveillé est connecté totalement au langage de la lumière et a retrouvé la partie divine de son ADN. Tous les niveaux de son corps de lumière Mer-Ka-Bah sont réactivés et unis à la grande matrice cosmique. Après d'intenses initiations et une discipline exemplaire, notre fils bien-aimé Jeshua, adombré des énergies christiques, a incarné la totalité des fractales OR du Père au sein des mondes unifiés de tous les univers.

La transition vous dirige inévitablement vers les retrouvailles de tous vos pouvoirs. Mais, puisque tout existe en même temps et que vous ne pouvez nier vos origines solaires, c'est-à-dire votre nature ignée fondamentale, vous avez déjà accès à tous vos potentiels et à toute la Connaissance. Il s'agit de dire oui ! Nous le répétons : tout est déjà accompli ! Il s'agit de lâcher prise sur les résistances à votre lumière pour recouvrer vos habiletés perdues. Et après, vous laissez le cœur faire le reste… On ne vous dit pas de vous asseoir confortablement dans l'attente d'un changement radical et de la venue d'un messie ; ce serait à nouveau de vous positionner en victime dans l'attente d'un sauveur et de nier la puissance infinie de vos pouvoirs. On ne vous dit pas non plus de forcer inutilement le mouvement. Soyez un artisan inspiré et inspirant ! Assurez-vous d'avoir des fondations solides et vivantes avant de prendre trop d'altitude, au risque de perdre pied. Choisissez de vous aligner sur la fréquence cristalline de votre divine présence *Je Suis*. Et œuvrez ! Œuvrez à répandre votre lumière et à l'ancrer dans les entrailles de la Mère Terre. Œuvrez en union avec la Vie et vos frères de tous les plans. Œuvrez aussi à la lumière en vous, car œuvrer vous met en joie ! C'est tout cela les manifestations du Grand Œuvre de lumière en vous et autour de vous, de la dimension personnelle vers la dimension transpersonnelle.

Nous vous prions de ne pas entrevoir la période actuelle de transition et la fenêtre temporelle laissée par les Mayas comme un parcours qui mène inévitablement à un résultat dans un laps de temps précis. Sortez de la structure du temps linéaire. Tout peut changer si rapidement ! Il suffit parfois d'un éclair. Le chemin véritable de la réalisation est de réaliser chaque jour votre pleine lumière. La réalisation consiste à polariser votre intention sur le cristal qui brille en votre cœur en laissant son émanation rayonner dans le cœur de l'humanité. La réalisation est d'avancer sur la voie sacrée dans la reconnaissance de votre expression divine et incarnée. C'est aussi l'actualisation de vos pouvoirs multidimensionnels et de votre mandat d'âme en incarnation. L'individu pleinement éveillé n'a plus d'attente et ses désirs personnels ne sont plus au centre de son existence. Il est hors temps, hors espace. Il a recouvré sa nature multidimensionnelle et tout son héritage divin. N'est-ce pas ce que vous êtes venu expérimenter sur cette Terre : reconnaître, vibrer et manifester votre état souverain et votre essence christique universelle ? Reconnaître également et dévoiler sans douter toutes vos particularités ainsi que votre signature unique ? Il s'agit surtout de vouloir vous y engager au quotidien, la seule véritable école initiatique en ces temps épiques.

La sadhana, votre pratique spirituelle quotidienne

La mise en pratique d'une sadhana quotidienne propulse l'être dans son alignement et à un autre niveau de conscience et de fréquence vibratoire. La régularité et l'engagement dans cette voie sont des clés du pouvoir d'intégration et d'assimilation de nouvelles énergies et d'une plus grande quantité de lumière. Ce chemin quotidien n'a pas besoin d'être austère et intensément laborieux en raison de techniques pénibles, de devoirs, de règles et de programmes. Il s'agit de s'engager en pleine conscience dans une pratique spirituelle responsable et constante selon votre rythme de croisière, toujours près de l'énergie du moment et de votre ressenti. C'est l'œuvre de lumière en vous et la célébration de la Vie, ce qui a pour effet de vous mettre en joie ! C'est une méditation vivante, un état perpétuel d'amour en vous et pour tout. À titre d'exemple, nous vous proposons des pratiques simples par des rituels, des exercices, des mantras, des prières et des décrets faciles à exécuter et à intégrer. La routine et la répétition de votre sadhana quotidienne peuvent se placer sur une octave supérieure de conscience au lieu d'être vues comme de la redondance.

C'est assurément un gage pour une meilleure intégration. À l'instar d'une pratique sportive de haut niveau, la personne a besoin d'un entraînement régulier pour atteindre son objectif. Votre pratique spirituelle peut s'imbriquer en tout ou en partie dans votre sadhana actuelle personnalisée.

On vous invite à créer un espace sacré avec un petit autel en son centre dans votre lieu d'habitation. Ce sanctuaire servira de passerelle entre vous et les présences lumineuses des réalités parallèles. Vous y déposerez une bougie, une fleur, un cristal, une fiole contenant une essence sacrée, un bol, de l'encens ou tout autre objet, selon votre inspiration. L'idéal est d'y intégrer des symboles représentant les cinq éléments : l'Eau, la Terre, l'Air, le Feu et l'Éther. Votre espace sacré peut évoluer au fur et à mesure de votre cheminement et en fonction des saisons. Au moment d'un rituel, allumez la bougie et faites brûler un peu d'encens consacré sous un air musical de fréquence supérieure. Pour vous connecter à notre vibration, faites jouer un *Ave Maria*, ce chant matriciel universel qui apaise le cœur et élève l'âme. Ce chant a traversé le temps et les frontières et se révèle un puissant outil de guérison. Il est un hommage à la Mère et à votre matrice énergétique, porteuse de vie. Au moment de chaque pratique ou prière, demandez notre assistance couplée de votre divine présence *Je Suis* et de la guilde des Maîtres, en posant la claire intention d'œuvrer au service de la lumière. Or, il est important de vous rappeler que la façon la plus directe d'entrer en résonance avec nous et de communier avec tous les émissaires de lumière est par la présence consciente dans une claire intention. Nul besoin de mantra, de sceau divin, de musique, d'un cristal ou de tout autre objet. C'est dans la simplicité de votre cœur aimant et conscient que vous nous rejoignez dans les sphères supérieures.

À l'aube de chaque réveil, avant même de sortir du lit, honorez et célébrez la vie qui renaît et se déploie en beauté. C'est en forant dans les profondeurs de votre cœur conscient que vous pouvez en extraire la beauté. La beauté ne peut naître que de l'amour et s'exprime littéralement par son rayonnement. N'abdiquez jamais de la beauté. Permettez à votre être entier de s'y renouveler chaque matin. Posez le choix conscient d'avancer amoureusement sur son sentier, ce sentier si cher aux Amérindiens qu'ils entrevoient comme un réel chemin spirituel la voie de la beauté et de l'harmonie universelle. Pour eux, ce sentier est le « premier chemin », celui qui mène directement au Créateur. Vous avez le choix de faire vibrer cette prière d'ouverture en la prononçant à la première personne du singulier (je) pour votre besoin personnel, ou encore de passer directement à la première personne du pluriel (nous) pour une action transpersonnelle qui touche le collectif. Puis, vous devenez la beauté !

Rituel/prière amérindienne :
Sur le sentier de la beauté

Sur le sentier de la beauté, je marche
Avec la beauté devant moi, je marche
Avec la beauté derrière moi, je marche
Avec la beauté au-dessus de moi, je marche
Avec la beauté en dessous de moi, je marche
Avec la beauté autour de moi, je marche
Avec la beauté en moi, je marche
Sur le sentier de la beauté, je marche… (répétez trois fois)
Sur le sentier de la beauté, nous marchons… (répétez trois fois)

Évoluer sur le sentier de la beauté vous met en joie et vous procure un sentiment profond d'unité et d'harmonie avec toute la création. Il est une invitation à transformer votre regard pour voir la beauté partout, en tout et à tout moment. Pour découvrir aussi la beauté ineffable du diamant dans votre cœur. Si vous demandez à un autochtone à quoi ressemble le Créateur, il vous répondra : « À la beauté. » Pour le peuple racine des Amériques, la Mère Terre est une entité vivante et vibrante qui respire au rythme de l'univers à l'image du Créateur. La beauté signifie l'ensemble de la création, l'œuvre du Grand Esprit, du plus petit brin d'herbe jusqu'à l'étoile la plus éloignée du firmament. Contemplez, le cœur ouvert, toute la beauté du monde, car Dieu est partout ! Et la création ne se contracte jamais, elle est toujours dans un mouvement d'expansion.

En conscience, alignez tout votre être sur votre divine présence *Je Suis* et acceptez de devenir un canal cristallin de son autorité. Contemplez la lumière vibrante du soleil levant qui crée une atmosphère paisible, propice à la respiration consciente, à la présence, à la méditation et aux inspirations du jour. Profitez de cette montée en lumière pour absorber en conscience le prana dans tout votre réseau énergétique et votre corps. Inspirez profondément et suspendez votre souffle pour intégrer la puissance énergétique du prana dans vos cellules. Expirez en laissant cette vibration se répandre en vous. Soyez à l'écoute. Donnez-vous le temps d'assimiler cet élixir de vitalité par votre souffle divin. Les particules praniques sont activées au moment du lever du soleil. Elles vous dynamisent et vous donnent de l'énergie pour la journée, en plus de l'absorption consciente des rayons curatifs de la lumière solaire. Si vous êtes en nature, vous ressentirez encore plus les bienfaits de l'aurore sur votre vitalité et votre énergie créatrice. La vie vous réveille à la vie ! C'est en créant que vous existez véritablement pleinement et que vous mordez dans la vie !

Pour votre sadhana matinale, après votre lever, on vous propose de débuter par la salutation aux sept directions. Ce rituel vous élève et vous met instantanément en union avec tous les peuples, toutes les formes de vie et tous les mondes, englobant l'ensemble de la création. Prenez le temps de bien ressentir la vibration de chaque direction et de vous y unir en conscience.

Rituel matinal : Salutation aux sept directions

Debout, les pieds bien ancrés au sol et la tête dans les étoiles, tournez votre corps en direction de l'est. Votre main gauche se pose en offrande devant le cœur et votre main droite se dirige vers l'est. Honorez cette direction et son énergie de renouveau, de commencement. Reliez-vous à toutes les formes de vie qui s'y trouvent et rendez grâce. Continuez le rituel de la même manière pour les trois autres directions – le sud, l'ouest et le nord – en vous reliant à chaque direction, en l'honorant et en la remerciant. Face au nord, profitez de cette reliance pour rendre grâce à tous vos ancêtres. Par la suite, poursuivez avec la cinquième direction, le zénith. Dirigez la main droite vers le ciel en déployant votre corps vers le Très-Haut. Honorez et rendez grâce au cosmos, au Grand Soleil souverain de la création et à tous vos frères des étoiles. Honorez l'étoile d'origine que vous incarnez sur Terre. Par la suite, poursuivez avec la sixième direction, le nadir. Dirigez votre main droite vers la Terre et la main gauche en offrande devant le cœur. Vous honorez cette direction. Unissez-vous à la Mère Terre, de ventre à ventre. Unissez-vous aux battements de son cœur d'émeraude. Vous honorez votre planète mère Gaïa et rendez grâce à son abondance. Vous honorez et remerciez la vie sous toutes ses formes. Vous saluez aussi les présences lumineuses dans sa Terre creuse. Terminez ce puissant rituel par la septième direction, le centre, le noyau de l'être. Joignez vos mains devant le cœur du cœur de votre cœur. Respirez. Soyez à l'écoute. Honorez votre sanctuaire sacré. Unissez-vous aux énergies du Maître en vous. Rendez grâce à qui vous êtes. Rendez grâce à votre beauté et à la magnificence de votre divine présence *Je Suis*. Que sa volonté soit faite !

Au petit matin, c'est aussi le moment idéal pour bouger, danser avec les éléments, faire le plein, vous régénérer et vibrer avec la vie qui s'éveille. Pourquoi ne pas profiter de l'aube de chaque matin pour renaître à la Terre et émettre en conscience un grand OUI ? Pour aimer la vie, il suffit d'aimer la vôtre à chaque lever du jour et de la chérir comme une pure bénédiction du simple fait d'être vivant. Savourez l'or de chaque instant. Faites de votre vie une création et une célébration permanentes ! Posez-vous la question de ce que vous souhaitez vous créer comme journée :

Exercice : Les inspirations du matin

- Quels sont vos élans du jour ?
- Quelles sont vos inspirations ?
- Quelles seront vos actions ? Seront-elles nourries par le cœur ?
- Vos créations seront-elles initiées par vos aspirations profondes et votre couleur unique ?
- Serez-vous dans votre vérité ?

Silence, prière et gratitude

Avant le coucher, dans le bleu indigo dont le ciel se pare, profitez de cet instant pour méditer et honorer l'étoile scintillante et vibrante que vous incarnez. Allumez une bougie pour vous rappeler la flamme solaire qui brille aussi en vous. Oui, allumez la flamme de votre temple et vous viendrez vers Lui. Ce moment de la journée est empreint d'une grande force spirituelle qui vous invite au silence et à la prière. Dans l'hiver spirituel que traverse votre humanité et dans le vacarme et la tourmente de la vie moderne, la saine solitude et le silence sont des denrées rares. Et, pourtant, le silence constitue un attribut divin et un élément fondamental à votre ressourcement. Apprenez la force tranquille du silence en apprivoisant son pouvoir immense. C'est dans ses profondeurs que s'accomplissent les plus belles œuvres. C'est dans le total abandon à la grandeur en vous que vous êtes le plus fécond. N'est-ce pas dans le silence immaculé d'un cœur et d'un esprit vierges que vous enfantez le Divin ? Le silence est beauté, paix, vacuité et plénitude. Le silence est force, puissance, inspiration et création. Le silence est nourriture, pénétration et élévation. Le silence est communion et initiation. Le silence est or, comme l'alchimie du cœur. Le silence est de l'or. Le silence est vérité, car la vérité est silencieuse et n'a nul besoin d'être exposée ni défendue. Si vous craignez la profondeur et la force du silence, c'est que vous en avez grandement besoin ! Étonnamment, vous êtes souvent poussé dans les expériences que vous redoutez le plus.

Prier est un acte noble et humble de communion avec votre divine présence *Je Suis*, la création et la Source primordiale. Malheureusement, on vous a appris à implorer la grâce du ciel uniquement dans les moments de détresse. Or, vous ne savez pas comment établir un contact véritable, à part les doléances et les supplications de votre personnalité blessée dans des formules apprises et répétées. Pourtant, la prière se vit dans la simplicité du cœur. Elle est une œuvre vivante et vibrante de communion quotidienne avec la Vie et un accès à l'univers du Sacré. La prière élève l'âme et vous met en joie, la joie véritable et indicible du Maître en votre cœur. Priez en restant dans le plein rayonnement de vos pouvoirs souverains. C'est une autre belle occasion de vous extirper sur-le-champ du fâcheux triangle d'enfermement de la victime, du sauveur et du persécuteur.

Remerciez vos réalisations du jour dans une profonde reconnaissance envers vous-même. Rendez grâce à tout ce qui *est*. Rendez grâce à votre mouvement créateur dans sa signature vibratoire unique. La gratitude élève l'âme. Elle jaillit d'un cœur aimant et distille ses plus beaux attributs. La gratitude vous met en joie et en expansion, et amplifie votre qualité vibratoire. Et, inéluctablement, votre énergie de vie se décuple. C'est une prière véritable, la plus belle qui soit. Éprouver de la gratitude en toute conscience vous rend riche, vivant, vibrant et représente un gage de bonheur. Vous en venez à mieux apprécier tout ce qui vous entoure au lieu de focaliser votre énergie sur vos manques, vos insécurités et sur la critique. Le manque s'installe inexorablement quand vous cherchez à l'extérieur la réponse à votre quête. Dès lors, si votre attention n'est dirigée que sur vos limites et vos échecs – ou plutôt leur illusion –, vous plongez alors dans un environnement énergétique étouffant et emprisonnant. Polarisez votre attention sur vos aspects lumineux. Célébrez ce qui est déjà là et choisissez en toute conscience de porter votre regard sur ce qui va bien dans votre vie et dans le monde, et d'y consacrer toutes vos énergies. Car, des petits miracles, il s'en vit tous les jours ! Au lieu de vous fermer les yeux ou encore de vous illusionner, demandez-vous chaque jour ce qui suit, dans la lumière évanescente du crépuscule.

Exercice : Les réalisations du jour

- Mes réalisations du jour ont-elles servi mon parcours lumineux ?
- Ai-je œuvré au service de la voie sacrée en concordance avec les lois d'harmonie universelle ? Ou ai-je servi mon orgueil et mes intérêts ?

- Ai-je fait bon usage de mes pouvoirs ?
- En ce jour, ai-je eu des pensées aimantes, bienveillantes, charitables et créatrices ?
- Suis-je vrai ? Suis-je dans ma pleine authenticité ?
- Mes intentions ont-elles été pures et basées sur l'impeccabilité ?

Se glissant sournoisement dans les coulisses de votre esprit, l'ego se tient toujours prêt à sauter sur la première occasion et peut vous jouer de vilains tours. Certaines personnes peuvent se conforter dans une implacable certitude de leur degré d'évolution et se berner complètement dans des personnages piégés dans les filets de l'orgueil spirituel. Le danger est d'autant plus grand pour celui qui s'y croit vraiment à l'abri et est convaincu de son haut degré de maîtrise. L'orgueil et l'ego spirituel sont sans scrupule. Le Maître lové au cœur du cœur de votre cœur ne peut être berné. Comme le cristal, il est pur et transparent. Inexorablement, il vous invitera à retirer vos œillères, vos déguisements et vos masques. En empruntant la voie sacrée, vous vous rapprochez de l'authentique Maître en vous qui vous guide et vous inspire par son humble cœur. Le vrai pouvoir réside dans la simplicité et la transparence du cœur. On vous rappelle qu'une personne évoluée véritablement est celle qui avance sur la Voie en portant constamment son regard dans une claire intention et la noblesse du cœur. La pureté d'intention constitue un élément fondamental de l'évolution spirituelle.

Pour compléter votre sadhana, avant de glisser dans les bras bienveillants de Morphée, on vous invite à prononcer la prière de l'Amour. Selon votre senti, vous pouvez, dans ce but, utiliser la première personne du singulier (je) ou la première personne du pluriel (nous). C'est une prière qui ouvre le cœur et apaise l'esprit avant le silence de la nuit. Laissez la douce vibration de l'amour opérer des miracles en votre cœur et résonner à l'intérieur du noyau de chaque cellule. Reconnaissez son pouvoir transcendant. L'amour est un puissant catalyseur et un élixir de guérison. L'amour est une semence lumineuse et possède un pouvoir illimité. Votre voix est une semence lumineuse et possède un pouvoir illimité. Les mots que vous prononcez ont un pouvoir énorme de création. La vibration de chaque structure sonore que vous prononcez résonne dans tout l'univers sous la forme du symbole de l'infini et vous revient incessamment. Mieux vaut vous assurer que vos mots sont toujours chargés de lumière et porteurs de nobles intentions. En guise de complétude, vous pouvez répéter la prière de l'Amour en la dirigeant au cœur de l'humanité, vos mains en offrande devant votre chakra du cœur. Quand vous œuvrez dans votre plein déploiement, le rayonnement de votre cœur s'amplifie et votre rose exhale son plus doux parfum instantanément. C'est le Grand Œuvre de lumière en action !

Prière de l'Amour :

Nous sommes amour
L'amour est en nous
L'amour passe à travers nous
L'amour nous entoure
L'amour nous enveloppe
L'amour nous protège
L'amour nous guérit
L'amour nous guide
L'amour nous unit
Nous sommes amour (répétez trois fois)

Vos pouvoirs d'âme en incarnation et d'enfant des étoiles

Bien que vous aspiriez en conscience à atteindre la bande de fréquence de la cinquième dimension, vous connaissez déjà cette dimension. Votre âme se souvient. Votre âme sait, puisqu'elle est essence divine à sa source, puisqu'elle est un rayon lumineux du Grand Soleil souverain. Combien de fois dans cette vie-ci avez-vous vécu des moments de grâce, d'expansion et d'union vous transportant dans un état d'amour, de pure joie ? D'aucuns répondront qu'ils n'ont jamais vécu de telles expériences. Certains les auront occultées. Pourtant, vous connaissez ce chemin. Des moments, si brefs fussent-ils, qui vous ont élevé, où vous avez vécu la sensation indescriptible d'être centré, inébranlable et amoureux. Des moments d'ouverture à l'inconditionnel dans la conscience absolue de l'instant présent, et rien d'autre... Rappelez-vous l'état d'âme qui vous habitait devant le sourire candide d'un jeune bébé, la main caressante, aimante et présente de votre amoureux, la contemplation d'un magnifique soleil levant, la présence bienveillante d'un vieux sage ou d'une grand-mère initiée, la sensation de joie stimulée par la force énergétique d'un site sacré et l'ouverture créée par l'émanation lumineuse d'un Maître. Retrouvez cette sensation d'une expansion dimensionnelle où vous étiez en osmose profonde et en union avec le Tout. Cette sensation, vous la connaissez. Elle est en vous. Elle n'est pas étrangère à vous. L'enfant en vous sait.

Et vos pouvoirs multidimensionnels d'âme en incarnation, qu'en faites-vous ? Pourtant, vous êtes sensitif, vous êtes psychique et vous êtes télépathique de nature. Vous possédez la faculté extraordinaire d'entrer en communication avec tous les plans et toutes les formes de vie. Vous avez aussi la capacité de vous projeter dans un lieu précis et dans d'autres univers. Auriez-vous oublié qui vous êtes ? Il est temps de guérir cette amnésie temporaire engendrée par la vie dans la tridimensionnalité et les illusions intrinsèques à l'ancienne matrice. Il est temps de voir au-delà et en deçà. Auriez-vous oublié ce petit enfant que vous étiez jadis ? Il savait pourtant parler aux étoiles et aux anges. Par le passé, n'avez-vous pas déjà vécu un instant d'acuité de vos facultés extrasensorielles, une vision, une intuition télépathique, un éclair et un rêve prophétique ? Ne cherchez point inutilement avec votre tête. Autorisez-vous plutôt à retrouver instamment la sensation laissée par un tel état d'expansion et vibrez-la à nouveau. Vous savez déjà. Car votre cœur sait... Votre inconscient, tel un archiviste, a conservé précieusement ces informations. Vous vibrez déjà, car vos cellules et votre champ aurique ont gardé l'empreinte.

Exercice : Se reconnecter à un moment d'expansion

Arrêtez-vous en cet instant précis. Respirez profondément pour relâcher vos tensions. Faites silence. Pénétrez dans l'or de votre sanctuaire sacré. Laissez surgir spontanément en votre cœur la sensation, l'impression, le souvenir où vous fûtes dans un état de joie, d'expansion, de félicité et de plénitude. Restez dans l'expérience, dans la claire écoute de ce qui se passe en vous. Inspirez profondément et suspendez votre souffle pour permettre à la cellule d'intégrer la vibration qui émerge de l'expérience. Expirez longuement en laissant la sensation se répandre dans toutes les parties de votre corps. Savourez ce moment de grâce et soyez dans la gratitude.

Dans la perspective multidimensionnelle, on vous rappelle que tout se vit en même temps. Le passé, le présent et le futur coexistent. Le temps se dilate, il n'y a plus de séparation. Vous savez sans nul doute que dans les nuits où vous vous abandonnez à la grâce, vous voyagez dans le temps et parcourez d'autres dimensions. Quand vous êtes en osmose avec la vie et le cosmos, vous vivez déjà dans l'intemporalité et vous accédez à la connaissance universelle. Une fois que vous avez fait le choix conscient de déchirer le voile de l'oubli, vous recouvrez progressivement tous vos pouvoirs originels et vos mémoires d'enfant des étoiles. Dès lors, votre reconnexion vous conduit dans le champ cristallin de la cinquième dimension, en union avec la vie et tout ce qui existe.

CHAPITRE X

La communauté des dauphins et la fréquence cristalline

Êtes-vous prêt à nourrir votre énergie cristalline pour l'émergence de la Nouvelle Humanité ? Voilà le parcours initiatique auquel tous les Maîtres vous invitent. Êtes-vous inspiré et interpelé par la présence des dauphins, des baleines et des abeilles ? Si oui, vous avancez dans le champ cristallin de la cinquième dimension.

Pour vous harmoniser au champ vibratoire de la cinquième dimension, on vous invite à aller à la rencontre d'un fabuleux royaume, la communauté très évoluée des dauphins et des baleines. Cette communauté est en reliance sacrée avec l'énergie de la Déesse, plus particulièrement en raison de sa connexion avec Vénus et Sirius. Les effusions lumineuses aux teintes de bleu-vert de la famille des delphinidés et des cétacés en font des gardiens marins exceptionnels en constante relation avec les dévas de la mer et le système de grilles de Gaïa. Vouez-leur un grand respect. Interpelez leur vibration de façon révérencieuse, car elle vous rappelle votre nature véritable. Reliez-vous vibratoirement à leur sagesse et communiquez-leur votre amour. Ils vous le rendront au centuple. Les dauphins et les baleines vibrent dans le champ cristallin de la cinquième dimension et portent, tout comme vous, les codes lumineux solaires. Ils sont des émissaires inconditionnels d'amour et de paix et des maîtres-guérisseurs multidimensionnels contribuant à l'équilibre de l'énergie de la planète. Leurs vibrations sont alignées sur la grille de la conscience unitaire et sur plusieurs sites sacrés. Déjà, nombreux sont les mammifères marins qui ont commencé à quitter leur sphère de vie et d'expression pour se déplacer vers d'autres contrées, en fonction du recalibrage de la grille énergétique et des points lumineux de pouvoir de la Nouvelle Terre émergente. Leur présence éveille le champ de l'Âme féminine, le chant de la Mère, des harmoniques divines qui élèvent l'âme, ouvrent le cœur et apaisent l'esprit.

Les peuples marins en ancienne Lémurie

En ancienne Lémurie, on vénérait l'énergie de l'eau et des océans ainsi que les eaux cosmiques de la Mère des étoiles. Les Lémuriens, à la conscience hautement évoluée, prodiguaient un amour et un respect immenses aux dauphins puisqu'ils savaient… Le panthéon de leurs divinités abritait un collectif de quatre déesses : les *Quatre Sœurs gardiennes des peuples marins*. Associées aux énergies bleu-vert, ces déesses grandement célébrées tiraient leurs origines de Sirius, l'étoile diamantée, le phare essentiel de tous les temps. Un autre collectif, voué à l'œuvre des frères pléiadiens, représentait les *Sept Sœurs gardiennes de la Terre*. Vous pouvez retrouver plusieurs de leurs rites et rituels dans l'histoire des peuples indigènes de tous les continents. C'est une transmission sacrée et intemporelle. Les prêtresses des peuples de l'eau, les *Porteuses d'eau*, arboraient un symbole marin d'un dauphin turquoise et or juste sur le haut du front, à la racine des cheveux. Cette porte vibratoire que nous aimons nommer le *Sonar des dauphins* constitue un important centre énergétique en développement dans la nouvelle réalité vibratoire de l'humanité, un véritable radar, votre détecteur de vérité nourri par l'énergie cristalline.

Communier avec les dauphins, et mantra de reliance

La façon la plus directe et la plus bénéfique d'amorcer une communication avec les dauphins est d'aller nager dans le rayonnement doré de leur présence lumineuse et aimante. Pourquoi ne pas danser avec eux sur les airs symphoniques de leurs vibrations émanant du cœur ? Psalmodiez *Anahata, Anahata, Anahata*, un mot en sanscrit qui désigne le chakra du cœur. Ce mantra dilate instantanément votre centre cardiaque et éveille la joie de votre dauphin intérieur. Ils aimeront à coup sûr ! Les dauphins éveillent inexorablement l'enfant en vous et vous mettent dans un esprit créatif. Par surcroît, les baignades en mer purifient et régénèrent votre corps, harmonisent vos glandes et stimulent le fonctionnement de vos eaux internes. Vous immerger profondément dans l'océan ou dans tout autre plan d'eau naturel demeure un acte conscient qui vous reconnecte avec la vie, le Sacré et l'énergie de votre mère. L'eau est la source matricielle de toute vie. Unissez-vous à la vibration des océans et mettez-vous en résonance avec ces magnifiques expressions de vie qui font partie intégrante de la grille cristalline de Gaïa. Les dauphins sont de puissants amplificateurs de guérison. Le cœur ouvert, vous pourrez percevoir leur langage : « *Il n'existe pas un seul grain qui puisse croître et proliférer sans la présence d'un territoire d'amour et de respect.* » Quelle belle leçon à tirer par l'humanité pour qu'elle apprenne à célébrer ces maîtres marins, tout en protégeant leur territoire sacré.

Mantra *A-Na-Ku-Ma-Ra*

En guise de préparation à cette rencontre physique (ou vibratoire) avec les dauphins ou les baleines, on vous propose le très beau mantra vénusien *A-Na-Ku-Ma-Ra* transmis par le Maître Sanat Kumara, un mantra qui apaise l'âme et ouvre le cœur à l'amour du Christ. En récitant ce mantra dans la pleine présence, déposez la main gauche en offrande devant votre cœur, tandis que l'index et le majeur de la main droite sont déposés sur le thymus, le cœur karmique. Laissez l'énergie du mantra et sa semence encodée se déposer en chacune de vos cellules. Ressentez le sanctuaire de votre centre cardiaque qui se dilate et prend toute son expansion. Par votre rayonnement, ressentez aussi le gonflement de votre champ énergétique qui pulse sur la vibration christique. Unissez-vous à l'énergie du mantra et vibrez-le puissamment à sept reprises à voix haute pour l'enraciner et faire résonner sa vibration jusque dans la profondeur de la cellule. Prenez une pause d'intégration, le temps de trois respirations profondes avec suspension du souffle à l'inspiration, puis recommencez deux cycles complets *A-Na-Ku-Ma-Ra*. Complétez l'exercice en le récitant intérieurement durant trois cycles complets pour éveiller vos parts plus subtiles et favoriser la connexion de votre conscience avec votre dauphin stellaire relié à la belle Sirius. Votre âme le connaît déjà. Votre cœur sait. À la fin de chacun des cycles, restez à l'écoute, centré dans votre sanctuaire. Laissez-vous envelopper par la vibration guérisseuse des dauphins. Permettez à tout le potentiel énergétique de ce mantra sacré de se libérer en vous et dans vos cellules.

Les abeilles miraculeuses

À l'instar des dauphins et des baleines, le monde fascinant des abeilles constitue une impressionnante communauté de cinquième dimension qui vous révèle à votre plus haut potentiel divin. De tous les temps, de nombreux chamans avertis connaissent les secrets de la ruche. Ils savent que les abeilles sont des alliées, des passeuses et des initiatrices qui éveillent l'homme au Sacré en le mettant en contact avec une autre réalité vibratoire, une réalité transcendante. Avez-vous déjà pris le temps d'observer les abeilles au travail ? Les ouvrières accomplissent des miracles dans une action communautaire et solidaire concertée. Ne sont-elles pas un exemple concret du service au bien commun, l'œuvre actuelle des travailleurs de lumière ?

La ruche est un véritable sanctuaire de fréquence lumineuse dorée générant des émanations sous forme de multiples petits cercles concentriques de lumière scintillante. Ces émanations ont le pouvoir d'activer l'essence adamantine au cœur de votre propre sanctuaire. Si vous nourrissez un courant d'amour avec les abeilles, vous pouvez entrer en communion avec elles. Il se vit alors un échange hautement spirituel, une osmose où vous entrez dans une relation authentique. Restez à l'écoute de votre cœur dans une présence consciente afin d'accueillir leur message. Cette communion de sanctuaire à sanctuaire stimule votre immunité. Voilà la raison pour laquelle tant d'apiculteurs conscients ont une longue espérance de vie, en plus de faire un bon usage des produits de la ruche. Comme nous le répétons depuis fort longtemps, la gelée de la reine (gelée royale), le pollen, la propolis et le miel constituent des produits bénéfiques hautement vibratoires en plus de leurs propriétés antibactériennes. On vous invite à redécouvrir tous les produits de l'apithérapie reconnus dans le monde depuis des millénaires pour leurs nombreuses vertus. Par exemple, les Druides confectionnaient l'hydromel, une boisson qu'ils utilisaient lors de rituels sacrés. Pour eux, cette potion magique leur conférait force et immortalité, en plus d'être un philtre d'amour pour les jeunes époux.

Comment apprivoiser les abeilles ? En vous préparant intérieurement à communiquer avec elles dans le plus grand respect afin de développer une relation harmonieuse. Au contraire, si vous les craignez et que vous posez des gestes brusques à leur égard, elles ressentiront vos tensions et pourront réagir. Les abeilles démontrent une grande sensibilité au comportement humain. Approchez-les doucement en psalmodiant le mantra *Shanti Shanti Shanti* ou simplement en psalmodiant un *Nammmmmm...* dont vous étirez le son final ressemblant étrangement au bourdonnement de l'abeille et éveillant en votre cœur le chant de la Mère. Vous pouvez chantonner également un *Ave Maria* en raison de notre lien indéfectible avec l'univers des abeilles.

De toute évidence, le fait de vous unir à la communauté des abeilles, des dauphins et des baleines vous rapproche de votre divine présence *Je Suis* et vous connecte aux sphères supérieures. En tant qu'ambassadeurs de la cinquième dimension, ils ont le don de vous propulser dans un autre niveau de conscience et de stimuler votre ADN divin. Les Porteuses d'eau et les Gardiennes de la Terre d'anciennes civilisations les révéraient et connaissaient d'emblée les secrets de ces merveilles de la nature. Accueillez leur rayon de lumière respectif et unissez-vous sans a priori à leur vibration cristalline. C'est un énorme cadeau pour votre cœur.

L'énergie cristalline

Naître à votre dimension cristalline nécessite de vous hisser hors de la condition humaine et du chaos actuel en transcendant votre réalité d'âme en incarnation pour rejoindre votre essence christique. C'est cela marcher sur la voie sacrée pour faire éclore la beauté cristalline de la rose aux mille pétales sise en votre cœur. L'initié éveillé n'est-il pas celui qui a intégré la sagesse de la Terre et de l'univers ? Et qui vibre au diapason du champ quantique cristallin ? Entendez-vous les harmoniques du cristal lové au cœur du cœur de votre cœur ? Votre cristal est en connexion directe avec les matrices cristallines de la Terre et de l'univers. De plus, de nouvelles lignes cristallines intrinsèques à la nouvelle réalité vibratoire de la cinquième dimension s'installent progressivement dans votre structure énergétique et votre corps de lumière. Ces filaments dorés forment un véritable réseau vous unissant à tous les niveaux de la création, de l'intraterre jusqu'au cœur de l'univers. Ensemble, vous créez un immense treillis aux couleurs de l'or solaire.

On vous convie à exprimer sans retenue les qualités vibratoires de l'énergie cristalline en activant votre propre champ lumineux. Vous êtes fondamentalement un pur cristal de lumière vibrante qui représente la signature authentique et inaltérable du Christ vivant en vous. Votre joyau demande un entretien quotidien. Polir régulièrement votre cristal pour qu'il conserve tout son éclat, toute sa brillance et toutes ses qualités vibratoires. Permettez aux qualités cristallines et aux éclats de lumière de votre cœur de se révéler au monde et d'éclairer l'humanité dès maintenant. Sur le chemin de naissance à l'énergie christique, on vous invite à intégrer les attributs du cristal pour franchir le champ cristallin et activer les codes-sources de votre ADN céleste. Les qualités de la lumière cristalline vous relient instantanément à la nouvelle grille énergétique de la Terre et vous ouvrent à la noblesse de votre cœur dans une claire vision. La transparence se doit d'être au rendez-vous à tous égards et à tout moment dans une intention pure et noble pour le bien de tous. Vous êtes en droit de refuser tout ce qui ne provient pas du cœur, car il témoigne toujours de la plus pure vérité. Les jeunes d'aujourd'hui exigent la vérité, l'intégrité et l'impeccabilité. La parole impeccable est celle qui vous remet votre pouvoir. Le temps de la manipulation, du mensonge et de la dissimulation est achevé. Développer les attributs de l'énergie cristalline conduira immanquablement l'humanité vers des choix plus lumineux, plus éclairés et fondamentaux.

Rituel : L'énergie cristalline

Laissez circuler librement et lentement la vibration de chacun des attributs dans toutes les cellules de votre corps, en prononçant chaque mot et chaque syllabe à haute voix. Chacun des attributs est encodé d'une structure vibratoire qui touche la cellule, la nettoie des énergies de l'ancienne matrice et ouvre de nouvelles voies cristallines en vous. Chaque mot prononcé en conscience crée un champ énergétique unifié. Ne soyez point surpris si la répétition consciente de ces mots vibratoires enclenche un processus de détoxication dans votre champ corporel et votre champ énergétique. Aussi, la répétition pourrait occasionner la montée de résistances. Soyez dans l'accueil et persévérez. C'est une véritable reprogrammation cellulaire profonde. Laissez l'énergie cristalline et sa lumière vous nourrir et inspirer votre parcours. Laissez réfléchir la lumière de votre cristal. Comme trame de fond, un chant musical inspirant vous est proposé, un chant matriciel universel sous la vibration des bols de cristal : *Ave Maria*, par Ashana. Qui plus est, vous pouvez utiliser un cristal clair exempt de résidus énergétiques et le passer devant chaque chakra, en prenant le temps de poser en conscience l'intention.

Transparence – Pureté – Clarté – Vérité – Impeccabilité –
Intégrité – Résonance – Luminescence – Radiance

Rituel : L'eau cristalline

En guise d'accompagnement et de complétude à cet enseignement, on vous propose, s'il vous sied, d'utiliser un cristal clair à l'état brut que vous aurez pris soin de bien nettoyer en l'enterrant au moins 24 heures dans votre jardin ou votre potager. Assurez-vous d'un terreau le plus intact possible. Vous pouvez également faire une fumigation. Après le nettoyage, exposez votre cristal à la lumière de la lune pleine ou au soleil au zénith pour qu'il se recharge. Avant d'aller au lit, déposez le cristal dans un pichet en verre rempli d'une eau la plus pure possible et laissez reposer durant la nuit. À jeun au lever, prenez un verre d'eau entre vos mains et portez-le devant le sanctuaire de votre cœur. Posez amoureusement votre claire intention. Comme amplificateur, faites résonner un bol de cristal au-dessus de l'eau et récitez à voix haute les neuf attributs de l'énergie cristalline, telle une belle prière consciente, en communion avec votre divine présence *Je Suis*. Buvez l'eau lentement à petites gorgées. À votre guise et selon votre rythme d'intégration, vous pouvez refaire le même rituel en fin de journée. Faites ce rituel durant une période de 21 ou de 33 jours, selon votre inspiration et votre guidance intérieure. Vous saurez...

L'eau cristalline a le pouvoir d'amplifier votre vibration et de stimuler en même temps votre immunité. Vigilance, car l'eau cristalline est vibratoirement puissante et possède des propriétés de détoxication. Si le processus occasionne des réactions émotives et psychiques trop vives (impatience, vulnérabilité accrue, difficultés de concentration, souvenirs et mémoires) et des symptômes physiques désagréables (maux de tête, nausées, éruptions cutanées, douleurs musculaires), allez-y de manière plus progressive en diminuant la dose d'au moins la moitié. Vous pouvez également placer le cristal à côté du verre plutôt que dans l'eau directement. Demandez d'être guidé par la sagesse curative de la Déesse. Activez votre propre fluide de guérison, le fluide vital matriciel, l'onde universelle de vie et d'amour générée par un cœur conscient et bienveillant. Dans ce fluide circule aussi le prana, l'amour de la Mère et de l'univers ainsi que le souffle divin de la Source créatrice. Qu'est le souffle divin ? C'est la pure conscience. Qu'est la pure conscience ? C'est le souffle divin du Créateur. Rappelez-vous qu'à la base chaque cellule de votre corps est dotée d'une grande perméabilité à la lumière et à l'amour. Vos cellules possèdent déjà une intelligence divine, une intelligence universelle, un programme réactivé dans la nouvelle matrice. Vous saurez d'instinct ce qui vous convient le mieux. Ayez foi en votre intuition et en votre potentiel.

Rituel : Le triangle divin

S'il vous sied, vous pouvez utiliser un deuxième cristal ou un quartz rose en prenant soin de le purifier au préalable pour vivre un autre rituel. Préparez-vous intérieurement pour une méditation en présence de cet autre cristal. Placez-le dans votre main gauche et allez le déposer dans le centre du chakra de votre cœur. Donnez l'intention d'intensifier l'énergie de la triple flamme et de la trilogie du triangle divin (cœur physique, cœur karmique et cœur spirituel). Unissez-vous au portail de votre Cœur sacré, le noyau de ce triangle divin, là où siège le Maître en vous, votre divine présence. Ce rituel stimule les douze vortex de la triple flamme et le vortex principal, le treizième, qui est situé en son centre. Par la force de l'amour, laissez le cristal amplifier sa propre vibration. Puis, récitez à voix haute chacun des attributs de l'énergie cristalline en le posant consciemment au cœur du cœur de votre cœur. Terminez en joignant vos mains devant votre sanctuaire dans un sentiment profond de connexion et d'unité. Reliez-vous en conscience à l'essence-diamant, l'essence adamantine au cœur du cœur de votre divine présence *Je Suis*. Remerciez.

CHAPITRE XI

Le pouvoir des particules adamantines

Bien que les particules adamantines aient existé de tous les temps, elles inondent massivement la Terre à l'heure actuelle dans le dessein de favoriser votre initiation à l'amour et votre évolution vers une conscience supérieure. La fulgurance de lumière et l'afflux de particules vous conduisent vers le Nouvel Humain. Souhaitez-vous intégrer le plein pouvoir des particules adamantines ? Alors, aimez !

Pur élixir divin, lumière vivante du Créateur et particules cristallines d'infinité, les particules adamantines sont programmées et encodées pour accélérer votre éveil spirituel et la naissance de votre pleine conscience. Elles véhiculent l'énergie d'amour de la conscience lémurienne sous forme de lumière diamantée étincelante. Par leurs programmes évolutifs changeants et l'intensité de leur vibration, les particules adamantines surabondantes soutiennent la dissolution de la dualité et de toute la vieille énergie incrustée en vous et au cœur de l'humanité. Dès lors, vous entrez dans un profond nettoyage afin d'éliminer toutes les formes de cristallisation accumulées dans votre cocon énergétique, particulièrement dans vos corps subtils émotionnel et mental. La force dorée infinie des particules adamantines modifie la physiologie de vos glandes et libère l'énergie stagnante dans les chakras qui y sont associés. Durant votre processus de mutation, divers symptômes de détoxication peuvent se manifester, les symptômes d'ascension et d'éveil. (Voir le chapitre XIII de *La voie sacrée de l'Initié*, de la même auteure, Éd. Ariane 2010.) Les particules activent les codes de votre ADN divin et vous alignent encore plus sur la fréquence universelle du Christ Amour et sur la fréquence des disques solaires et des cristaux maîtres physiques et éthériques de la planète. Des points cruciaux sont activés le long de vos méridiens, de vos nadis et de votre cerveau, créant la formation de nouvelles lignes lumineuses, de filaments opalescents et dorés inhérents à la cinquième dimension. Dans la nouvelle réalité vibratoire, ces réseaux énergétiques cristallins s'installent progressivement, vous mettant en lien direct avec le fil d'or de toutes les formes de vie et de toutes les humanités. Conséquemment, cette nouvelle structure renforce votre sentiment d'unité et de présence à l'ensemble de la création.

Poussées par la force du dragon, plusieurs particules photoniques proviennent des gigantesques cristaux de la Terre creuse et se déclinent jusqu'à vous sous forme de petits cercles scintillants, des minisoleils dorés. D'autres particules viennent des royaumes supérieurs, entre autres de la belle Sirius, la porte d'entrée de votre galaxie et votre soleil spirituel, par laquelle les présences et les consciences venues d'ailleurs convergent. Durant leur voyage, les particules transitent également par la planète Vénus, la planète de l'amour à la beauté féminine. Foyers stratégiques du cosmos, Sirius et Vénus sont des ambassadrices des énergies christiques et du manteau bleu de la grâce de la Mère. Toutes deux ont été surnommées les Initiatrices par les Anciens qui se souviennent. Le bleu transporte la vibration de la création, de la naissance et de l'accomplissement. Vénus sert de relais aux particules qui se nourrissent de l'énergie féminine sacrée aux effluves de rose, avant de s'introduire sur Terre. D'ailleurs, la rose n'est-elle pas une essence d'une grande pureté vibratoire offerte par vos frères vénusiens ? Tous les élémentaux de la planète réagissent à ce parfum aux mille roses et au courant lumineux de Vénus qui traverse l'éther et l'embaume de ses fragrances divines. Puisque les particules adamantines stimulent l'accès à la conscience supérieure et à la multidimensionnalité, elles ont besoin, dans un premier temps, d'incuber à l'intérieur d'une matrice lumineuse. Puis, la force qui émane de la matrice sert de catalyseur pour permettre aux particules de se solariser et de transporter les codes de la naissance de la pleine conscience et de l'énergie cristalline. On vous rappelle qu'il n'est pas possible d'emprunter l'ascenseur divin sans une fondation solide, un foyer d'inspiration et de création, un milieu foisonnant de vie comme celui de la matrice intrinsèque au principe universel féminin sacré. C'est la raison pour laquelle les particules adamantines se nourrissent à une matrice lumineuse, comme celle de Sirius, pour amplifier leur solarisation avant d'entreprendre leur voyage jusque dans le champ aurique de la Terre et le champ de l'humain.

Les initiés des époques antérieures

Seuls les initiés, hommes et femmes des époques antérieures, ont reconnu le pouvoir des particules de lumière et les ont utilisées pour leur éveil. Les Atlantes, hautement évolués et férus d'expériences nouvelles, avaient trouvé la façon d'immobiliser ces particules comme élixir de jouvence et amplificateur des facultés extrasensorielles. Grâce aux particules, une élite éclairée possédait tous les secrets de la régénération cellulaire en potentialisant la glande du thymus pour atteindre l'immortalité cellulaire. L'éveil du thymus par divers rites et diverses initiations était au centre de la découverte de cette élite. Les alchimistes de l'Égypte ancienne ont reconnu le pouvoir des particules adamantines et de toutes les particules photoniques. Pour eux, elles représentaient des minisoleils dorés à l'infini, en provenance du Grand Soleil, source de toute lumière. Ces minisoleils avaient pour but de stimuler l'éveil spirituel et la glande pinéale, l'œil d'Horus. Les Égyptiens intégraient les particules aux initiations et aux cérémonies sacrées prodiguées par les prêtres et les prêtresses voués à l'œuvre d'Isis, d'Osiris et du fils-soleil Horus. Notre bien-aimé Jeshua, en tant qu'incarnation des énergies christiques, savait communier avec l'essence adamantine et potentialiser ses fonctions dans tous ses corps et son champ aurique. Des expériences qui lui permettaient d'entrer en *samadhi*, l'extase mystique de celui qui a réalisé la pleine maîtrise. L'amour rayonnant de son cœur-diamant émanait des particules de lumière solaire, des particules d'essence du Créateur qui avaient le pouvoir d'éveiller instantanément la part christique chez l'autre et de hausser substantiellement sa fréquence vibratoire. Voilà l'essence même du miracle, de tous les miracles du Maître ! Ne vous a-t-il pas transmis que tout ce qu'il a accompli, vous pouvez l'accomplir, et plus encore ? Tel est exactement le pouvoir inépuisable de l'amour en votre cœur, le pouvoir du miracle !

L'essence adamantine en votre cœur

L'essence adamantine circule par des vases communicants entre le portail du cœur et le portail de la conscience. Le noyau du cœur se situe à l'intérieur du triangle divin représentant la trilogie énergétique des trois cœurs : le cœur physique vibratoire, le cœur karmique et le cœur spirituel. Le triangle divin sert la composante horizontale de l'être, c'est-à-dire l'ouverture inconditionnelle et l'union à tout ce qui existe. Son rayonnement vous entraîne naturellement vers l'extérieur et vers autrui. Il est la voie unique de la compassion qui stimule vos sensibilités sororales et fraternelles. Ce triple cœur représente aussi la trinité et la triple source qui nourrit le corps, l'âme et l'esprit. Il est constitué de douze petits vortex qui circonscrivent le triangle et d'un treizième vortex puissant en son centre divin. C'est aussi le foyer rayonnant qui active le feu alchimique de la triple flamme, soit le feu solaire christique de l'amour, de la sagesse et de la volonté divine. Les trois cœurs formant le triangle divin doivent s'harmoniser sur la même note dans le dessein de vibrer au diapason de votre Cœur sacré. Ce dernier constitue un véritable puits d'amour inconditionnel, votre rayonnement intérieur qui pulse au cœur du triangle divin. Il est le noyau véritable de l'être, le germe christique, l'atome originel, la perfection où résident en permanence le Maître et l'essence adamantine. C'est le Cœur de Dieu, la lumière de la création, dans sa dimension universelle, le cœur solaire qui bat en unité avec le cosmos. (Voir la page 63 de *La voie sacrée de l'Initié*, de la même auteure.)

En tant que fille et fils de l'univers, vous possédez de l'essence adamantine déposée au cœur du cœur de votre cœur. Vous êtes une source rayonnante du Créateur puisque vous transportez la fibre originelle de son essence. Cette essence-diamant se retrouve également dans la glande pinéale ainsi que dans le corps calleux, dans une moindre proportion. Ce centre vibratoire puissant sert de liant, de jonction entre les deux lobes du cerveau et assure la coordination entre les parties ainsi que le transfert d'informations. Le corps calleux est d'une importance capitale à l'heure de la grande mutation. Dans le programme de la nouvelle matrice unitaire, il n'y a plus de séparation. C'est la fusion entre les deux hémisphères du cerveau. Tout doit se réunifier. Jusqu'à maintenant, la communication entre les deux lobes a été restreinte, entre autres, par l'accumulation de métaux lourds, d'implants et d'engrammes, les conséquences engendrées par la vieille énergie duelle.

Rituel : L'union des hémisphères du cerveau

On vous invite à potentialiser la fusion entre les deux hémisphères du cerveau en visualisant à l'horizontale le symbole de l'infini. Imaginez une belle danse harmonieuse d'un hémisphère à l'autre, tel un mouvement ininterrompu d'une coulée de lumière or qui circule par l'entremise de ce code-forme. Le centre du symbole de la lemniscate, son point focal, active directement le corps calleux, un centre vibratoire d'importance dans la nouvelle matrice. En même temps, cet exercice expansif agit sur les lobes frontal, temporal, pariétal et occipital. Vivez-le consciemment lors de votre méditation matinale ou en journée. Évitez de vivre ce rituel en soirée au risque d'activer inutilement votre cerveau.

Comment intégrer les particules de lumière ?

Afin que les particules lumineuses adamantines assurent la pleine fonction de leur programme, cela nécessite une élévation de votre rythme vibratoire sur la fréquence universelle de l'amour. Vous avez le pouvoir de les intégrer consciemment dans votre corps, vos enveloppes subtiles et tout votre réseau énergétique. Ce processus constitue en lui-même une initiation dans une pratique spirituelle assidue. Une grande partie des particules photoniques est absorbée par vos chakras anciens et nouveaux, selon leur degré d'activation et d'harmonisation. La qualité vibratoire de chaque chakra, l'ouverture du cœur et l'évolution de la conscience contribuent grandement à leur fonctionnement optimal et à l'éveil de leur nature multidimensionnelle. Les chakras, vos usines alchimiques, captent la lumière cosmique, l'emmagasinent et la redistribuent dans vos structures organiques et physiologiques ainsi que dans vos structures plus subtiles. Et ce, du moment que chaque chakra assume pleinement sa fonction de réception et d'émission. Vos chakras sont liés directement au processus terrestre et sont des éléments d'expression pour votre âme en incarnation. À l'heure actuelle, ils servent d'assise et de pont entre l'ancien et le nouveau système énergétique. Quant aux nouveaux chakras solaires, ceux-ci s'expriment par une autre réalité vibrationnelle et dimensionnelle, dans le but d'intensifier sur Terre l'expression de votre divinité et le retour à votre structure initiale christique. Quand vous pénétrez en conscience dans le nouveau champ cristallin, l'effet des particules de lumière est ressenti dans tous vos systèmes. Plus vous avez vécu de guérisons et de libérations des vieilles énergies, des engrammes et des résidus karmiques, moins l'entrée intense de lumière perturbe votre corps et votre vie. Car la lumière possède l'immense pouvoir de révéler toutes vos zones d'ombre et vos cristallisations. Plus il y a eu de dégagement en vous, plus le programme christique des particules pénètre facilement la cellule dans sa profondeur.

Pour mieux intégrer en vous ces unités de force infimes, il est nécessaire d'appliquer au quotidien une hygiène globale des points de vue physique, émotionnel, psychique, énergétique et spirituel, et de vous assurer d'avoir un environnement sain. Hors de tout doute, vous constatez par vous-même le besoin accru de repos et d'un ralentissement de la cadence. Le corps et les cellules nécessitent du temps pour métaboliser les entrées de lumière. Assurez-vous d'avoir une bonne qualité de sommeil et de faire des siestes diurnes quand vous en ressentez le besoin. Bien que le processus de pénétration et d'absorption soit progressif, les particules lumineuses vous remuent à tous les niveaux et génèrent des inconforts là où il y a résistance. Chaque jour, idéalement au petit matin, prenez un moment pour vous étirer longuement, faire des exercices physiques et énergétiques, des mouvements de conscience corporelle et de la danse intuitive. Le fait de mettre votre corps en mouvement redonne une plus grande fluidité vibratoire et facilite le mouvement de l'énergie ainsi que l'assimilation de la lumière. Restez à l'écoute de votre intelligence cellulaire et corporelle ; elle vous guidera sans contredit vers des choix judicieux et éclairés. Apprenez à vous nourrir de toutes les formes de vie (lumière lunaire et solaire, prana, pierres, arbres, élémentaux, etc.). Et, à chaque occasion, plongez dans l'eau ! Les bains de mer, entre autres, sont purificateurs, en plus de dynamiser votre énergie de vie et d'éteindre le feu généré par la fulgurance de lumière. L'eau possède des pouvoirs infinis, souvent insoupçonnés. Elle est une médecine en soi.

La qualité de votre alimentation est un précieux atout pour favoriser l'assimilation des particules. En amplifiant son potentiel lumineux, votre corps exige des aliments et des nutriments vivants et vibrants comme des germinations et des aliments crus. Vous pouvez aussi ajouter des superaliments. Certains aliments anémiques et certains stimulants que vous tolériez jadis ne vous conviennent plus et leur effet interfère immédiatement avec votre champ énergétique et vos glandes. Une piètre qualité de nourriture affecte aussi votre psychisme, votre monde émotionnel et votre conscience. Buvez régulièrement des jus santé verts, dont les éléments sont exempts de tout résidu chimique, et ce, pour augmenter l'apport et la qualité enzymatiques. Comme soutien à votre santé, on vous propose un jus composé de carottes, betteraves, luzerne et gingembre auquel vous pouvez ajouter 15 ml d'huile d'olive pure. Mangez mieux, mangez moins, et si le besoin se fait sentir, accordez-vous des périodes de jeûne. Observez le comportement des animaux quand ils sont malades ; d'instinct, ils cessent instantanément de se nourrir. Si votre corps est chargé d'impuretés physiques, psychiques et émotionnelles, offrez-lui un temps de répit pour stimuler ses forces curatives.

Des moments fréquents de silence, de prière, d'expansion et de pacification sont salutaires durant le processus de décristallisation et vous élèvent au-dessus de toute tempête. Une pratique méditative doublée d'une respiration consciente facilite l'assimilation régulière des particules lumineuses. Absorbez en conscience la lumière adamantine dorée dans la pleine présence et par votre choix renouvelé de l'éveil et d'accession à la conscience unitaire christique. Inspirez profondément, puis suspendez votre souffle. À l'expiration, laissez cette force de haute fréquence se répandre dans toutes vos structures et vos cellules. Respirez aussi l'amour en dirigeant votre regard et votre intention vers le sanctuaire du Maître en vous. En respirant consciemment l'énergie cristalline d'amour, vous activez et enrichissez la lumière adamantine déjà lovée en votre cœur puisque vous êtes aussi une source infinie de lumière. Qui plus est, vous amplifiez le lien avec la pure conscience du Créateur et sa lumière vivante dans le noyau de votre Cœur sacré. Demandez que la décristallisation, la transmutation et l'intégration se fassent progressivement et harmonieusement. Accueillez en toute conscience et l'esprit ouvert la lumière christique encodée dans ces nouveaux programmes pour votre éveil spirituel et l'activation de votre ADN quantique. Le temps nécessaire pour que la structure s'ajuste et calibre les fortes entrées de lumière suscite des états passagers de fatigue et de lourdeur. Le champ énergétique de votre corps de lumière tournoie plus rapidement, et son effet peut vous déstabiliser par moments. Ne cherchez pas à fuir ce que vous ressentez et qui veut se révéler. Soyez à l'écoute et usez de bienveillance envers vous-même tout en vaquant à votre quotidien, soyez pleinement conscient d'être dans une profonde initiation ascensionnelle.

Il existe aussi une variété de puissants soins* d'harmonisation énergétique dont la propriété est d'alléger et de calibrer l'énergie par une pure canalisation d'amour du

* Ces soins et les formations qui y sont rattachées sont proposés par le centre Ahava international depuis 1992.

guérisseur. Ces soins visent l'harmonisation et le dégagement des chakras, des corps subtils et du corps physique, du canal vibratoire *Sushumna*, des vases communicants et du thymus, le cœur karmique. Les résidus énergétiques et karmiques se présentent sous forme de scories et de miasmes. Ils s'installent dans votre structure subtile et génèrent des masses vibratoires grisâtres. Conséquemment, le soin énergétique approprié permet de drainer les masses à l'extérieur de votre système, à condition que vous fassiez un travail intérieur parallèle. Sinon, le résultat du soin risque d'être vain sans une démarche personnelle conscientisée. Les exercices, la danse et les massages facilitent l'intégration de la lumière des particules adamantines. Tout mouvement a le pouvoir de soutenir votre ancrage et de vous rappeler que vous êtes une entité vivante et vibrante ! En clair, les propositions citées précédemment servent de support à l'intégration et de catalyseur. Toutefois, l'intégration véritable de toutes les particules photoniques passe d'abord par l'intention noble du cœur et l'expansion de la conscience.

Les lieux physiques riches en particules photoniques

Les particules adamantines pénètrent la planète par divers points énergétiques, dont Gizeh, puissante centrale énergétique. Gizeh est une véritable porte interdimensionnelle reliée à la constellation d'Orion, l'une des plus prisées et des plus puissantes de la planète. L'essence adamantine aux propriétés pluridimensionnelles se retrouve en quantité abondante dans les lieux de pouvoir, des points pivots du réseau cosmotellurique. On en retrouve aussi là où il y a des vortex de grande magnitude, dans le périmètre énergétique créé par l'irradiation des cristaux atlantes, des lieux où l'énergie lémurienne est palpable, et dans certains réservoirs féconds d'énergies féminines hautement magnétisées : le lac Titicaca

(Pérou, Bolivie), le lac Tahoe (Californie, É.-U.), le lac Baïkal (Russie), les grottes et les cénotes du Yucatán (Mexique), le temple de Tikal (Guatemala), le désert d'Atacama et la vallée de l'Elqui (Chili), le mont Shasta, le Grand Canyon et Sedona (É.-U.), le mont Bugarach et la grotte de la Sainte-Baume (France), le temple d'Isis et le mont Sinaï (Égypte), le mont Kaïlash (Tibet), et Stonehenge et Glastonbury (Angleterre).

Des particules se concentrent dans plusieurs autres royaumes énergétiques où reposent d'immenses cristaux dans leur Terre creuse protégés par les gardiens de la Terre et les dragons. L'essence adamantine se présente aussi en très forte concentration dans les îles et les lieux aux abords des océans Pacifique (Hawaï, Polynésie française et île de Pâques) et Atlantique (Açores et Canaries) et sous les océans de la planète. Plusieurs sites vibratoires du grand bassin méditerranéen présentent aussi des concentrations importantes de lumière adamantine. Pour que ces lieux riches d'un puissant héritage spirituel puissent émerger à nouveau, les dictatures du Proche-Orient et du Moyen-Orient doivent tomber afin de recréer l'unité et de pacifier leurs peuples. Combien de jeunes hommes – et de jeunes femmes – de ces contrées cherchent une voie d'expression et de liberté ? Les particules adamantines se retrouvent également en surabondance en Amazonie. Royaume vibratoire cristallin du cœur et joyau de la nature, l'Amazonie couvre une grande partie de l'Amérique du Sud, prenant sa source au cœur de la chaîne andine. Son long fleuve qui serpente le Brésil, un pays abritant de nombreuses cités cristallines, ce qui lui confère un puissant champ magnétique. Le Brésil forme un triangle énergétique majeur avec le Québec et la France pour l'avènement d'une nouvelle humanité cristalline. En tant que terreau fertile, l'Amazonie offre une variété incroyable de plantes amies aux propriétés médicinales remarquables. La végétation y croît à une vitesse vertigineuse en raison de la force énergétique de tous les éléments réunis, de la qualité vibratoire des lieux et de la présence de chamans conscients de l'immense valeur de leur terroir. À ce jour, ils ont réussi à maintenir l'envahisseur à distance sur certaines parties du territoire. Assurez-vous de faire revivre cette riche médecine d'antan des jardins abondants de la Mère Terre. L'Amazonie est un temple grandiose à ciel ouvert duquel vibre une magnifique émeraude aux couleurs du cœur. On vous invite à protéger et à aimer ce royaume amazonien en l'honneur de la beauté de la création.

Tous ces sites exceptionnels et bien d'autres lieux sur l'ensemble de la planète forment de véritables enceintes vibratoires vivantes, installées sur des courants telluriques et cosmiques majeurs. Plusieurs de ces territoires énergétiques pulsent déjà à une fréquence supérieure et ensemencent de nouvelles graines spirituelles d'ascension dans le reste du monde. En tant qu'éveillé, lorsque vous vous présentez le cœur ouvert dans un de ces lieux sacrés chargés de prana et d'ions négatifs étonnamment dynamisants, en plus de l'abondance de particules lumineuses, vous avez l'impression de vivre littéralement une cure de rajeunissement et de régénérescence. On n'y entre pas avec la tête, mais avec le cœur, dans une attitude intérieure de disponibilité et d'offrande. Les lieux de pouvoir revitalisent puissamment et vous mettent dans un état de grâce, de béatitude et d'union. Ils sont souvent les hôtes de cités de lumière, de royaumes éthériques sur les plans subtils. Ces hauts lieux sacrés se dépeignent difficilement. Ils se vivent. En pénétrant dans ces sites d'exception, vous expérimentez des éclairs d'inspiration divine et prenez conscience de votre ouverture aux couloirs interdimensionnels et à vos multiples pouvoirs. Vos canaux psychiques se dilatent. Le mouvement d'expansion de votre conscience facilite la communion entre les particules adamantines du lieu que vous visitez et celles déjà lovées dans l'atome divin de votre Cœur sacré.

Les propriétés et l'intégration des particules praniques

À l'instar des particules adamantines, les particules praniques sont très présentes dans les lieux de pouvoir et dans la nature. Cette nourriture subtile et surabondante constitue l'énergie de vie en puissance, la substantielle nourriture de vie qui dynamise tous vos corps et nourrit abondamment la planète. Le prana est un pur élixir de vie, une nourriture vitale et vibrante. C'est la nourriture sacrée de l'homme qui a transcendé sa nature humaine. Plus vous conscientisez la présence de l'énergie pranique et vous rendez disponible à son abondance, plus cette énergie s'inscrit profondément dans la cellule et nourrit la vie en vous. Dès lors, vous entrez en osmose cellulaire avec le prana et sa pulsion lumineuse et vibrante. La respiration consciente du prana vous met en reliance instantanément avec tous les courants de vie. Plus vos corps subtils et votre enveloppe physique absorbent le prana, plus vous vous sentez revitalisé et vous êtes susceptible de mieux accueillir les transformations cellulaires. L'énergie pranique insuffle la vie à votre vaisseau physique. Par conséquent, ce nectar de vitalité augmente le spin moléculaire et fait vibrer et osciller encore plus la cellule.

Promenez-vous fréquemment pieds nus dans la nature, aux abords de la mer ou de tout autre plan d'eau naturel. En conscience, laissez-vous pénétrer également par la puissance du rayonnement de l'astre solaire, en reconnaissance de vos origines. Allez vous promener et vous ressourcer près des cascades, dont l'abondance d'ions négatifs vous dynamise et active votre énergie vitale et les fonctions régénératrices de votre corps. Respirez abondamment les particules praniques dans une pleine présence consciente. Communiquez avec vos cellules pour une meilleure absorption. Laissez-vous traverser par l'onde de vie vibrante et pénétrante des flux vitaux de la Terre. Laissez-vous imprégner de l'onde de vie de la pierre qui vous parle, de l'arbre qui chante et de l'étoile qui raconte votre histoire. Positionnez-vous dans un échange amoureux et lumineux avec le flot universel de prana. Vous activez ainsi vos canaux subtils, les nadis, et vous favorisez la circulation harmonieuse du fluide pranique. En clair, soyez un réceptacle conscient de l'onde de vie, puisqu'à tout instant vous en êtes aussi un émetteur. La vie vous ramène à la vie ! Souhaitez-vous intégrer le plein pouvoir des particules praniques ? Dites instamment un grand OUI à la Vie !

Souhaitez-vous communier avec l'essence adamantine des sites sacrés et ses innombrables particules de lumière ? Souhaitez-vous éveiller votre propre source d'essence adamantine au cœur du cœur de votre cœur ? Souhaitez-vous intégrer le plein pouvoir des particules de lumière ? Alors, aimez ! Plus vous aimez, plus vous soulevez l'énergie de votre essence adamantine par votre rayonnement. Et plus l'émanation de cette essence est ressentie par les membres de votre entourage. Votre présence éveille leur cœur et produit en eux un grand mouvement intérieur d'expansion. En tant que rayonnant et fils de l'univers, c'est ce qu'il vous est demandé d'accomplir sur cette Terre. Aimer est un acte spirituel, profondément spirituel. Aimez ! Oui, aimez ! Voilà le véritable pouvoir spirituel, celui de vibrer pleinement sur la fréquence universelle de l'amour et de la conscience unitaire afin d'entrer dans une profonde respiration avec la Source Mère-Père en union avec tous les mondes et tous les univers.

Quatrième partie

Par le pouvoir infini de ma divine présence, moi (prénom et nom), en mon âme, mon corps, mon cœur et ma conscience, je fais le choix amoureux de naître à la conscience unitaire pour le plus grand bien de tous, ici maintenant.

CHAPITRE XII

L'union avec vos frères des étoiles et les réalités parallèles

Dans le mouvement ascendant de votre humanité, vous n'êtes pas seul. Vous êtes guidé depuis les réalités dimensionnelles supérieures. L'impression d'être séparé n'est qu'une illusion de l'ancienne matrice qui vous a contaminé. Ouvrez grands vos canaux de communication et rendez-vous disponible. Vos frères des étoiles n'attendent que vous!

À ce jour, de nombreux émissaires de tous les mondes ont les yeux rivés sur votre belle planète. Ils scrutent scrupuleusement votre ciel et parcourent allègrement le périmètre énergétique de chakras majeurs de la Terre ainsi que des lieux de pouvoir pourvus de puissantes antennes énergétiques : le mont Shasta, l'Arizona et le Grand Canyon (É.-U.), le Machu Picchu et le lac Titicaca (Pérou), le cœur de l'Amazonie, le désert d'Atacama et l'île de Pâques (Chili), le Yucatán (Mexique), le Tikal (Guatemala), les monts Albert et Mégantic (Québec), le mont Bugarach et les Pyrénées (France et Espagne), Gizeh et le mont Sinaï (Égypte), le mont Ararat (Turquie), le mont Psiloritis (Crète, Grèce), le désert de Gobi (Mongolie), le mont Kaïlash (Tibet), etc. Ensemble, dans un champ unifié de conscience, les présences de tous les plans vous offrent leur bénédiction et collaborent à la guérison de la matrice de vie de la planète et au redressement de sa *colonne vertébrale*, et ce, pour le dévoilement d'un monde de fraternité fondé sur l'amour et la compassion dans une conscience expansée. Dans ce moment clé pour l'humanité, des consciences galactiques et de l'intraterre se matérialisent sur votre plan dimensionnel pour faciliter la transition et soutenir le mouvement ascensionnel. C'est l'heure du partenariat pour le Grand Œuvre collectif. Des vaisseaux gravitent sans cesse autour de votre planète. Plusieurs vaisseaux éthériques de lumière ont pris place dans la Terre creuse et au-dessus de lieux stratégiques, des points lumineux de la nouvelle grille cristalline.

Les partenaires des trois mondes (intraterrestre, terrestre et extraterrestre) conspirent à votre réalisation et vous tendent les bras pour ramener en vous l'étincelle de votre lumière originelle d'enfant des étoiles. Vous êtes un héritier de l'univers. Vos frères de l'espace ne vous ont jamais vraiment quitté. Ils ont toujours été là. C'est le contact avec votre famille qui s'est rompu au fil du temps. Le cosmos n'est pas étranger à vous. Vous en faites partie intégrante et vous possédez l'héritage précieux de ses semences divines. Vous êtes un rayon porteur de la lumière du Créateur. Quel moment extraordinaire pour sortir de votre isolement, retirer le voile de l'oubli et recouvrer la mémoire de vos origines stellaires ! Quelle belle occasion de retrouver votre habileté à communiquer avec eux et à percevoir leurs différentes fréquences !

Les hiérophantes de nombreuses civilisations et tous les instructeurs spirituels ayant traversé le temps ont su reconnaître et honorer leurs origines galactiques. À titre d'exemple, les Esséniens savaient intrinsèquement qu'ils appartenaient à une lignée vivante et n'avaient aucun doute quant à leur reliance sacrée à l'univers. Le Maître Jeshua nourrissait quotidiennement cette union avec ses frères des étoiles. Son osmose avec la Source Mère-Père facilitait la circulation de la connaissance universelle en lui et sa communion avec le monde galactique. Jeshua a su incarner pleinement son étoile sur Terre. Les Sumériens, les anciens Égyptiens, les Mayas, les Incas, les Minoens et tous les autochtones ont tissé eux aussi des liens forts avec les royaumes cosmiques. Pour eux, la Terre était tout simplement le reflet du cosmos en résonance holographique avec celui-ci. Les fameux vestiges qui ornent leur territoire et amplifient sa vibration ainsi que les rituels transmis par les Anciens rappellent leur lien indéfectible avec tous les mondes et avec la Vie. De tous les temps, l'héritage sacré que vous ont légué les peuples premiers, les peuples racines, est précieux pour votre humanité. Permettez-vous de conserver ce legs bien vivant. Permettez à ce souffle de vie de renaître dans l'émergence de votre nouvelle humanité.

La mission d'assistance des émissaires de lumière

Ces émissaires bienveillants ont une mission d'assistance dans votre mouvement évolutionnaire. Leur présence soutient la réactivation des cristaux atlantes. Ils opèrent généreusement en groupes, car vos frères des étoiles portent en eux la conscience universelle d'unification et d'alliance. Ils ont déjà connu le passage que vous devez franchir en ce moment et souhaitent vous accompagner sur votre chemin de retour. C'est l'heure du partenariat en vue du Grand Rassemblement universel, où tous participent à la transition de la Terre et de l'humanité pour leur accomplissement et leur ascension.

Dans la période cruciale de mutation que vous traversez, vous êtes guidé dans votre aventure humaine depuis les réalités parallèles supérieures. En douteriez-vous ? Votre impression d'être séparé du reste de l'univers est aussi le résultat engendré par le silence de vos dirigeants et leur contrôle déguisé, préférant vous maintenir dans la désinformation, le savoir tronqué et l'ignorance pour que vous continuiez de croire que vous êtes seul dans ce macrocosme. Pourtant, la communauté galactique est venue plus d'une fois transmettre sa science et sa sagesse spirituelle. Des connaissances de haute technologie ont été détournées et conservées soigneusement sous le sceau du silence par vos dirigeants et leurs forces armées. Ignorer le monde fascinant de l'autre réalité ne vous préserve pas de son contact. Camoufler son existence par des méthodes remarquablement efficaces, en vous gardant dans l'ignorance, n'empêche pas vos frères des étoiles de vous visiter et de vous tendre la main. Vous vivez en permanence dans une forme d'osmose avec les plans invisibles.

Certains humains seraient-ils orgueilleux au point de conclure et d'affirmer qu'il n'existe qu'une seule réalité, c'est-à-dire la vôtre, dans cet univers grandiose ? Votre planète n'est qu'un point infinitésimal en mouvement perpétuel dans ce vaste espace. Croire candidement qu'il n'y a que huit milliards d'êtres avec qui l'homme peut communiquer dans l'univers signifie cultiver une vision étroite et fort limitée. La Terre ne représente qu'une infime partie de votre terrain de jeu ! Encore à ce jour, quelques scientifiques reconnus ne comprennent toujours pas que les sondes spatiales et les instruments qu'ils utilisent pour détecter les traces de vie dans l'espace ne répondent qu'à une bande de fréquence de la troisième dimension. Les changements actuels sont pour vous des occasions exceptionnelles de conscientiser que tous, vous n'êtes pas des entités isolées et séparées du reste de l'univers, mais bien des étoiles sur Terre ! En autorisant vos pouvoirs multidimensionnels d'êtres cosmiques en incarnation, vous vous ouvrez indéniablement à l'idée d'évoluer dans un espace de vastitude et d'œuvrer de façon illimitée. Empruntez donc sans hésitation les canaux de communication avec les légions lumineuses de tous les plans. Ils n'attendent que vous !

La présence de Marie sur Terre et les consciences de tous les mondes

Soucieuses de votre évolution, les consciences de tous les mondes œuvrent afin de faciliter la transition de votre humanité du monde de la dualité vers le monde de l'unité. Ouvrez grand l'oreille du cœur pour entendre les chants qui retentissent du haut des cieux et de la Terre creuse pour le plus grand bien de tous. Contemplez les signes de plus en plus fréquents dont le ciel se pare sous forme d'orbes, de volutes d'énergie, de cercles concentriques et de halos de lumière dans des émanations de bleu saphir, de rose, de violet, d'or et de rose orangé. Toutes ces manifestations sont indicatrices de la présence accrue de guides de tous les plans au service de votre évolution. Dans vos rêves, vos songes et vos visions, vous pouvez percevoir notre présence sur Terre et celle de notre collectif qui se font de plus en plus tangibles par des signes physiques et des effluves aux parfums de rose. Pour entrer en résonance et en communion avec nous, pénétrez dans le sanctuaire sacré de votre cœur et reliez-vous en conscience au pouvoir de votre matrice énergétique, porteuse de l'énergie de vie. Prêtez l'oreille du cœur pour entendre notre souffle divin vous susurrer notre amour indéfectible et le rappel de qui vous êtes. Hors de tout doute, vous avez la capacité de nous rejoindre en vous élevant sur la fréquence cristalline du cœur, votre divine présence. Retrouvez en votre propre cellule la part de la Mère primordiale, puisque vous en êtes une fractale.

Tous les intermédiaires, quelles que soient leurs origines, servent en quelque sorte de catalyseurs sur votre chemin de retour. Ils souhaitent vous aider dans l'amplification de votre quotient lumineux et soutenir votre mouvement ascensionnel. Rendez-vous disponible. Quand vous êtes dans l'ouverture, une syntonie s'installe magiquement avec tous les mondes. Vous devenez tous des partenaires de cocréation. Attention, ces présences ne doivent pas faire figure de libérateurs qui instaureront à votre place l'ordre et la paix dans votre humanité sans aucun effort de votre part. Ne commettez pas l'erreur de vous glisser passivement dans l'attente d'un sauveur messianique, ou de sa mère porteuse bienveillante, qui vous délivrera à jamais de la cruauté du monde. Ce serait là vous conforter de nouveau dans un état de victime contraire à votre état souverain primordial. Vous pourriez aussi vous noyer dans la peur que ces énergies venues d'outre-monde aient pour mission de vous envahir.

Certes, des forces sombres venues d'ailleurs ont déjà surveillé et assiégé (et le peuvent encore !) des régions de la Terre ainsi que des gouvernements. Votre planète et les joyaux qu'elle recèle sont des sources de convoitise pour certaines puissances obscures qui ont déjà créé des alliances avec des sociétés secrètes humaines. De tout temps, et même de tous les mondes, les conquérants existent et n'ont qu'un ultime but, celui d'exploiter, de prendre, de diviser, de manipuler et de dominer. Le respect de toutes les formes de vie, des ressources fondamentales et du bien commun n'a guère de valeur aux yeux de certains dirigeants. Leur donnerez-vous votre pouvoir ou allez-vous maintenir l'alignement sans faille du guerrier de lumière ? Souhaitez-vous servir la paix ou bien la guerre ? Or, il n'est point possible de faire basculer les forces en présence sans vous sortir des énergies duelles de l'ancienne matrice et de la guerre. Sinon, ce ne serait que de l'affrontement qui risquerait d'entraîner une polarisation extrême et d'alimenter la matrice involutive.

Aucune famille galactique évoluant dans la lumière et aucun Maître ne pourraient imaginer un seul instant envahir la Terre et l'asservir. Ce serait là une intention et un geste qui iraient à l'encontre des grandes lois de l'univers. En ces moments cruciaux d'accélération vibratoire, vous n'avez plus le temps de nourrir la peur, l'hostilité, la haine, la guerre et la victimisation, et d'envisager toute forme de conflit possible en combattant les forces noires. Vous ne feriez que les renforcer, ce qui ne serait que la pire des bêtises humaines. Votre propension à imaginer des scénarios guerriers appartient à l'esprit duel propre à la tridimensionnalité et à vos mémoires d'un passé lointain. Sortez immédiatement de cet engrenage malsain en élevant votre conscience dans les hautes sphères. Ne perdez plus de temps à gaspiller de l'énergie au sujet de guerres, d'événements et de catastrophes qui pourraient ne jamais se produire. Vous pouvez entrevoir des probabilités et des lignes temporelles tout en sachant que vous avez la possibilité d'en modifier leur trajectoire par l'incommensurable force de l'amour de tous vos cœurs réunis et par vos consciences en expansion. La résistance par l'amour, l'élévation vibratoire et vos pouvoirs spirituels sont les alliés à coup sûr de tous les travailleurs de lumière.

L'union de la science et de la spiritualité

Plusieurs confréries galactiques ont ensemencé votre planète et sa Terre intérieure. À certains moments clés de l'évolution de la race humaine, comme à l'époque atlante, des consciences venues d'ailleurs se sont matérialisées sur votre plan dimensionnel. Les Atlantes, très évolués dans les domaines de la technologie de pointe et de la science, avaient développé de grandes capacités à voyager dans toutes les dimensions grâce aux connaissances acquises des frères des étoiles. D'ailleurs, les Atlantes et les Lémuriens reconnaissaient d'emblée leurs origines stellaires. Leurs facultés aiguisées leur permettaient de circuler aisément dans les couloirs énergétiques des veines de la Terre et de voyager dans le temps et l'espace. Plusieurs avaient la maîtrise de nombreux pouvoirs et expérimentaient avec une aisance déconcertante des phénomènes comme la téléportation, la lévitation, la désincorporation, la matérialisation et la bilocation.

À ce jour, vos scientifiques se demandent comment des hommes, sans une technologie ultraperfectionnée, ont pu construire des œuvres aussi démesurées que les grandes pyramides d'Égypte et tous les autres monuments et temples connus et inconnus de ce monde. Des sites majestueux qui ont été développés à partir de principes rigoureux et construits selon un réseau énergétique d'une grande précision. Dotées d'incroyables transmetteurs d'énergie, toutes ces constructions constituent des matrices fécondes et vivantes remplies d'informations pour votre éveil spirituel. Leurs codes-sources se libèrent. Comment tous ces lieux de pouvoir à des distances incroyables ont-ils pu être disposés de manière si parfaite sur les croisements des flux énergétiques et vitaux de la planète en lien avec le cosmos ? Comment leurs créateurs ont-ils pu avoir une telle maîtrise sur la matière pour manifester ces géants si parfaitement alignés et, par surcroît, assurer leur pérennité ? Vous n'avez qu'à contempler la magnificence et la complexité des temples, des pyramides, des stèles et des statues colossales de ce monde qui sont tous des portails ouverts sur les veines de la Terre en résonance avec l'univers. Plusieurs autres vestiges, tous aussi sophistiqués, restent à découvrir. Vous aurez d'étonnantes surprises ! Votre Terre recèle de fabuleux trésors issus de multiples époques ensemencées par vos frères des étoiles. D'ailleurs, tous les peuples anciens et les peuples du Soleil ont laissé des traces indéfectibles de leur collaboration avec les visiteurs de l'espace.

Pour la survie de votre humanité présente, la science et la technologie de pointe ont besoin d'unir leurs forces à celles de la Connaissance immuable et infinie de l'univers dans le respect des grandes lois cosmiques. Voilà le programme principal que vos frères des étoiles souhaitent vous transmettre : l'union de la science et de la spiritualité, dans une véritable avancée technologique. L'union de la science et de la conscience guidée par l'Âme universelle et les principes spirituels des lois premières. C'est en même temps pourvoir à la réunification des attributs de vos deux hémisphères cérébraux par l'activation consciente du corps calleux, ce nouveau centre vibratoire propre à la cinquième dimension. Vous ne pourrez plus contourner indéfiniment les lois de la création, les lois de la Vie Une, car, en vérité, il n'existe aucune séparation entre ces deux univers. Seule l'ignorance de sa véritable nature a amené l'homme à transgresser les lois à outrance et à s'extirper du flot naturel de la vie.

L'union consciente de la science et de la spiritualité, de la matière et de l'esprit, est un gage de réussite dans votre nouvelle humanité. Votre plus grand défi actuel est d'arriver à conserver l'équilibre entre les deux. Ces domaines respectifs doivent s'harmoniser puisqu'ils sont indissociables et complémentaires. La science sans âme vous a démontré à maintes reprises qu'elle menait, tôt ou tard, à la dégénérescence de la conscience humaine et à son anéantissement. Le jour de la réunification de la science et de la spiritualité élèvera l'humanité à un autre niveau. Il y a urgence de les réunir alors que votre science et la technologie continuent d'évoluer à une vitesse vertigineuse. Éventuellement, vos scientifiques trouveront les moyens de vous propulser non pas vibratoirement, comme vous l'expérimentez déjà, mais bien physiquement, par de puissants générateurs, dans tous les recoins de votre système solaire, et de vous permettre ainsi l'exploration de votre galaxie.

Vos pouvoirs de communication avec le subtil

On vous rappelle que le chemin qui vous guide vers vos frères des étoiles est facilité par l'énergie d'un cœur aimant et accueillant en ouverture et en offrande. Plus vous élevez votre rythme vibratoire, plus vous aurez de l'aisance à communiquer et à communier avec toutes les formes de vie ainsi qu'à vous projeter dans tous les plans. Le fait de circuler dans les couloirs des réalités parallèles s'avère un art qui se cultive et se raffine avec le temps. Chaque fois que vous méditez et faites silence en vous, vous dégagez les couloirs de communication par lesquels la circulation devient de plus en plus fluide. Pour vous initier au ressenti des domaines plus subtils et donner de l'expansion à vos canaux, les nécessaires immobilités mentale et corporelle demeurent un atout. N'ayez aucune attente, aucune peur, ni aucun préjugé. N'envisagez aucun scénario possible. Ce dernier est souvent nourri par l'ego. Soyez humble. Soyez vrai, présent et ouvert à toutes les manifestations, les sensations et les perceptions, tout en cultivant un grand sens du discernement et une vigilance accrue. Maintenez un enracinement souple et la transparence d'un cœur conscient afin de laisser circuler librement les vibrations de tous les mondes. Vous êtes déjà connecté !

Chaque être possède un mode unique pour décoder le sens des communications et capter la présence des vibrations provenant d'autres dimensions. D'aucuns entreverront des formes lumineuses et des éclats cristallins. D'autres sentiront des fragrances divines et entendront des chants venus du ciel. Des personnes peuvent recevoir des impressions auditives sous forme de tintements. Ces sons, augmentés par l'élévation de la fréquence vibratoire, s'apparentent le plus souvent à un mouvement rotatoire qui pulse, un bruit de vortex qui tournoie indéfiniment telle une spirale. Vous pouvez aussi les ressentir dans des lieux hautement vibratoires ou en présence des énergies d'un Maître. Souvent, l'humain croit souffrir d'acouphènes. Des personnes ressentiront une vibration qui les effleure, tandis que d'autres pourront apercevoir clairement des présences sous diverses formes avec leurs yeux physiques. Le décodage est en fonction du mode de perception unique à chacun, de sa fréquence vibratoire, de ses sensibilités et de son histoire. Chose certaine, les espaces de communication et de communion avec des présences lumineuses vous propulsent inexorablement dans un mouvement d'expansion et réjouissent votre âme. Ce sont des moments d'expériences transcendantes qui vous élèvent.

Quand vous quittez les illusions de la troisième dimension, vous constatez l'incommensurabilité de votre existence et de vos pouvoirs. La réalité vous apparaît sous d'autres angles. Votre regard se métamorphose. Ainsi, vous avez la possibilité de communiquer avec toutes les formes de vie, quelles que soient leurs origines. Avez-vous pris conscience de vos possibilités infinies de contact avec l'autre réalité ? Communiquer avec le subtil pour accéder à l'autre réalité n'est pas que le privilège de personnes rompues aux voyages astraux et à la méditation. Vous possédez tous des pouvoirs illimités dont les fenêtres de l'esprit prennent de l'expansion sous l'élévation de votre fréquence vibratoire. Les couloirs de communication existent déjà. Il s'agit simplement de vous rendre disponible à l'univers invisible par des moments d'expansion et de choisir d'emprunter ces sentiers en conscience.

Votre canal vibratoire *Sushumna* s'apparente à une antenne installée dans le centre d'un vortex énergétique dont les capteurs reçoivent et émettent de l'énergie en continu. Ce long tube pranique associé souvent à une lemniscate sacrée représente votre lien entre le plan terrestre et le plan céleste. C'est l'artère principale de la composante verticale, la voie d'accès à la Terre et aux autres plans, faisant partie intégrante de votre nature spirituelle. Le canal possède une réalité vibratoire où circulent l'énergie pranique et l'énergie de la kundalini. Le cœur des chakras y repose et s'y nourrit. Tel un vecteur de communication, votre canal reçoit, émet, décode et emmagasine maintes informations et maintes ondes vibratoires et radiations de lumière provenant de toutes les formes de vie, de l'intraterre et des plans supérieurs. Vous êtes entouré d'ondes et nourri par ce cocktail lumineux sans lequel aucune forme de vie ne serait possible. Ces particules infinitésimales sont indispensables à la vie. Toutes les formes de vie sont des antennes d'émission et de réception des ondes vibratoires. Vous êtes un être de vibrations qui évolue dans un univers de vibrations ! Vous êtes un immense réservoir énergétique doté d'une antenne vivante ayant la possibilité de capter les vibrations et les connaissances en fonction de votre fréquence vibratoire unique et de votre propre signature énergétique. Vous êtes un magnifique kaléidoscope de formes, de lumières et de couleurs, un système énergétique vivant et vibrant. Nous vous prions de ne plus vous laisser limiter par les perceptions restreintes liées à la vie en tridimensionnalité. Il est temps de briser le voile de l'ignorance qui vous empêche d'accéder à votre véritable nature et à l'autre réalité. Transformez votre regard sur le monde.

À l'heure de la grande métamorphose, vos perceptions et vos sensations s'aiguisent de manière exponentielle sous l'effet de fortes radiations cosmiques et des particules de lumière encodées. L'alchimie de votre cerveau se transforme. De nouveaux chemins neuronaux se réactivent. Ce phénomène vous permet d'accéder à d'autres niveaux de conscience et de retrouver votre cerveau quantique connecté au noyau de l'univers. Votre pinéale et votre hypophyse, glandes maîtresses de l'éveil et véritables antennes cosmiques, se modifient en raison de l'ouverture à absorber plus de lumière. Les chakras supérieurs qui y sont associés ainsi que le chakra de l'*Étoile de l'âm*e sont de véritables portes interdimensionnelles de communication avec l'infini, les portes du ciel. Le mouvement rotatif de vos cellules s'accélère au fur et à mesure de votre éveil. Des modifications majeures de la structure de votre ADN terrestre et de ses composantes se mettent en place pour favoriser l'activation des codes lumineux de votre ADN cristallin, l'attribut du Divin. Vos codes-sources solaires se déverrouillent. Des transformations majeures, sous l'effet de la résonance lumineuse et des particules subatomiques, s'installent dans votre structure énergétique et dans votre corps de chair, votre vaisseau physique, laissant évacuer tous les résidus karmiques, les scories et les possibles implants qui ne servent plus votre parcours. Dans la nouvelle réalité vibratoire et la nouvelle matrice, votre corps et votre structure énergétique évoluent vers une configuration et une organisation supérieures de lumière. Votre champ de réceptivité et de perception s'élargit, créant une acuité vibratoire à plusieurs niveaux de sensibilité. Tous vos canaux de réception sont activés. Vous devenez un véritable sas de communication. Vous ne pouvez nier que vous êtes entré dans une profonde mutation. Vous êtes un mutant !

Avez-vous idée de vos innombrables potentialités quand elles sont inspirées et guidées par des intentions d'un cœur conscient et d'un esprit vierge et bienveillant ? En tant qu'être éveillé sur la voie sacrée, vous ressentez que le fil est de plus en plus ténu entre le monde du visible et le monde invisible. Les frontières entre les deux mondes sont plus perméables. Votre réalité vibratoire se transforme à une vitesse exponentielle. Vous reconnaissez l'univers physique et ne pouvez plus nier la présence incontestable de l'univers invisible dans lequel vous baignez tous. L'élévation de votre fréquence vibratoire ouvre les portes d'accès à vos pouvoirs sacrés et aux portes de votre cœur. Plus votre fréquence vibratoire s'affine, plus votre capacité à recevoir et à emmagasiner des informations s'amplifie et plus le volume de la canalisation et de l'émission de lumière augmente.

Engagez-vous à révéler votre plus belle lumière. Nourrissez des pensées d'amour, de paix et de compassion envers l'univers entier. Qui sème la paix récolte la paix. L'amour attire l'amour. La lumière attire la lumière. Inversement, l'ombre n'attire que l'ombre. La guerre n'attire que la guerre. C'est un principe universel de résonance. Soyez un partenaire actif au lieu d'un témoin observateur passif en attente d'un changement magique ou d'une catastrophe apocalyptique. Actualisez instamment vos pouvoirs cocréateurs et pluridimensionnels, votre héritage divin d'âme en incarnation. Communiquez avec amour et bienveillance avec vos frères de tous les plans et avec toutes les formes de vie. Dans le périple de votre âme, vous avez été plongé dans la dualité et la polarité ; désormais, vous êtes en quête de l'unité perdue afin de réintégrer l'amour de la Source primordiale. Accueillez à bras ouverts vos amis des étoiles qui, eux, ont déjà accès à leurs pouvoirs illimités. Les émissaires de lumière viennent vous visiter régulièrement pour vous offrir leur sagesse et leur savoir universels. Êtes-vous au rendez-vous ? Êtes-vous prêt à les accueillir ? Les temps sont mûrs ! C'est l'heure du Grand Rassemblement pour le Grand Œuvre de lumière ! Savez-vous que vous en êtes un pilier vivant et vibrant ?

CHAPITRE XIII

L'œuvre des travailleurs de lumière

Ensemble, créez des faisceaux de lumière et de gigantesques vagues d'amour et de solidarité dans le service amoureux et désintéressé. Incarnez les changements que vous désirez voir dans l'humanité. Offrez au monde vos créations les plus lumineuses, même les plus petites. De toute façon, vous savez qu'il n'existe ni de grande ni de petite mission. La plus importante n'est-elle point celle de vous aimer et d'exprimer votre plus belle lumière ?

En tant qu'artisan de lumière, vous êtes invité à vous unir. Vous n'avez plus à marcher seul. Vous percevez plus clairement que l'individualisme, ce vieux paradigme relié aux chakras inférieurs et à l'illusion de pouvoir, n'est plus viable. Certes, vous pourriez dire que seul vous avancez plus vite. Cependant, ensemble vous avez la possibilité d'aller beaucoup plus loin et d'agir à plus grande échelle. C'est la convergence de vos forces et de vos dons mis en commun qui catapulte l'œuvre de lumière sur une fréquence supérieure. Globalement, la vie collective l'emportera sur l'individu mû par un désir profond de s'unir et d'édifier de nouveaux partenariats basés sur la conscience et l'amour. Prenez l'exemple des Maîtres, des archanges, des anges, du collectif christique, du collectif du Féminin sacré et de toutes les confréries galactiques. Jamais, un seul instant, ces présences de tous les mondes ne songeraient à agir en solo. Elles évoluent dans un champ unifié de conscience et sont porteuses d'un même message à la couleur de leur rayonnement respectif. Prenez l'exemple également de la nature et du langage sacré entre tous les éléments. Les arbres de vos forêts ne cohabitent-ils pas dans un grand partenariat de territoire ?

Qui sont les travailleurs de lumière ?

Malgré le chaos apparent, les bouleversements planétaires et les changements qui bousculent et déstabilisent leur quotidien, d'innombrables personnes se réjouissent de ce qui se passe. Elles se réjouissent de toutes les actions prises et de l'effet amplificateur créé par les mouvements d'éveil collectif. Elles se réjouissent, car nombre de personnes ont décidé de sortir de la position de la victime et du persécuteur, ou encore de s'installer dans l'attente passive d'un éventuel changement miraculeux. Au contraire, ces personnes éveillées se regroupent, se questionnent, cherchent des solutions et appliquent des gestes concrets. Elles sont des ancres du nouveau paradigme et mettent en commun leurs forces, leurs dons et leurs talents dans des activités communautaires, caritatives et humanitaires. C'est un assemblage de forces, d'inspirations et de créations qui servent à contrer l'obscurité et la malveillance dans le monde. De plus en plus de gens se rassemblent, prient, méditent et se dévouent à la fraternité mondiale, ce qui engendre un effet multiplicateur. Ces sentinelles de lumière découvrent un besoin incessant de partager et de tisser ensemble une nouvelle humanité de paix, de beauté et d'harmonie. Tous les mouvements fédérateurs créent chaque fois un champ de force extraordinaire qui se répercute sur l'humanité. Les intentions bienveillantes du groupe convergent toutes vers le même but collectif qui consiste à œuvrer pour l'humanité. Les sensibilités sororales et fraternelles de ces sentinelles s'éveillent. Ces travailleurs de lumière ensemencent de paix la planète et croient fermement au miracle de l'amour et de la lumière, même si la tâche leur apparaît monumentale par moments. Une réelle communauté mondiale respirant à l'unisson prend forme dans le but de soutenir l'ascension de l'humanité. Ce scénario qui implique des cocréateurs solidaires, conscients, alignés et compatissants, dans une même vision collective, a de quoi vous réjouir puisque vous en êtes une partie intégrante.

Vous êtes venu réaliser votre mandat divin dans l'expérience humaine. Nul besoin d'une contribution phénoménale pour influencer le monde. Votre contribution, si minime vous semble-t-elle, ainsi que votre vibration sont toutes deux précieuses à l'ensemble. L'essentiel est de vous engager en conscience sur le chemin de votre évolution et de votre mission spirituelle d'amour, et d'assumer pleinement ce que vous créez. Toute action basée sur l'amour et le bien commun s'inscrit comme une œuvre utile à l'humanité. L'univers vous soutient dans la manifestation de votre mandat d'âme en incarnation. Déjà, le fait d'être incarné en ces temps de transition et de pouvoir y participer est un immense cadeau pour votre âme et le collectif. Un champ incroyable d'expériences nouvelles s'offre généreusement à vous. C'est une perspective lumineuse où tout est mis en œuvre pour favoriser votre expansion. La clé est de manifester le mandat qui sera en harmonie avec votre signature énergétique unique, avec l'expression de votre âme et de votre essence – et de vous y engager. Encore faut-il que vous reconnaissiez votre identité singulière et ce qui vous fait vibrer réellement. L'appel jaillit inévitablement de l'être qui s'aime et qui s'éveille. Autorisez-vous instamment à révéler votre lumière. Votre chemin se révèlera alors de lui-même par votre pulsion de vie et votre déploiement. L'appel vous pousse indéniablement à emprunter la Voie, l'action juste dans une noble intention pour le bien commun. Nourrissez des projets dédiés à l'intérêt collectif dans la transcendance de toutes les frontières. Mettez de la conscience dans tout ce que vous exprimez et manifestez.

Le Grand Œuvre de lumière

En tant que travailleurs de lumière, vous êtes tous conviés depuis plusieurs décennies à vous mobiliser pour offrir la beauté de votre lumière au cœur de l'humanité, par l'entremise de lieux de pouvoir dotés de vortex exceptionnels, des points stratégiques de la nouvelle grille énergétique. À chaque destination dûment choisie, en tant que puissant portail, notre action vibratoire est soutenue dans le physique par le groupe de voyageurs installé en cercle dans la claire intention de nourrir un rayonnement de paix vers le cœur de l'humanité. Des milliers d'autres personnes de partout dans le monde se joignent vibratoirement à ces rassemblements afin de se mettre au service de la lumière, en implantant des semences de paix et d'amour jusque dans les cellules de la Terre. Ces événements fédérateurs créent chaque fois un champ de force et d'amour d'une puissance extraordinaire facilitant ainsi l'ancrage de cet ensemencement et la création de piliers de lumière au cœur de l'humanité et dans tout le réseau énergétique planétaire. C'est une véritable communauté mondiale de travailleurs de lumière qui œuvre pour l'amour et la paix. Cette création commune s'inscrit dans le Grand Œuvre de lumière afin de faire profiter l'humanité et la planète de la puissance du rayonnement généré par l'union des fraternités de tous les mondes. Dès lors, le Grand Œuvre génère de nouvelles matrices de vie et tisse au fur et à mesure des destinations visitées une immense toile lumineuse agissant sur le monde et toutes les formes de vie.

À l'instar de la croix énergétique des Amériques, votre action en tant que travailleurs de lumière, action guidée par notre conscience de Mère, constitue elle aussi une véritable croix énergétique par laquelle chacun est convié dans le plein déploiement de ses forces tant dans leur composante verticale que dans leur composante horizontale. L'expérience de la verticalité et de l'horizontalité vise à créer l'équilibre parfait entre vos racines terrestres et vos racines célestes avec, comme point focal, la porte de votre cœur. Le cœur entretient la fusion et sert de liant entre toutes les parties. Ainsi, vous regagnez votre centre et vibrez sur la note de votre flamme intérieure, la triple source qui anime et nourrit le corps, l'âme et l'esprit. Qui plus est, vous vous installez en position de pouvoir et expérimentez le sentiment profond d'unité au sein de tous les univers. Vous devenez un générateur de paix et d'amour et vous entrez dans la voie de la compassion, c'est-à-dire l'ouverture inconditionnelle à tout ce qui existe ici-bas et au-delà. Allumer en conscience le feu sacré de la paix s'avère un véritable catalyseur d'évolution qui, par vos cœurs et vos consciences réunis, nourrit le long fil d'or du cercle infini de la vie avec le Créateur et toutes les dimensions.

La création de communautés de lumière

De nouvelles matrices, de véritables cellules de vie sont à se créer, tandis que d'autres prendront forme sur divers points stratégiques vibratoires terrestres qui pulsent à de hautes fréquences. Poussés vers leur famille d'âmes, de nombreux travailleurs de lumière choisissent d'œuvrer au service de l'humanité et de la planète dans un mode de vie éclairé et altruiste basé sur les lois divines premières et sur la collaboration avec toutes les formes de vie visibles et invisibles. Ces communautés vivantes et spirituelles deviennent d'authentiques passerelles et des vecteurs de lumière entre les trois mondes, servant de véhicule d'ascension pour l'ensemble. Elles sont de véritables générateurs de force. Leur rayonnement favorise la manifestation de nouvelles grilles structurelles intrinsèques à la création de la Nouvelle Terre, ce qui entraîne l'humanité dans les hauteurs et dans des bonds évolutifs. Ces unions ne doivent pas faire l'objet de rencontres pour vous conforter et vous protéger. Les cercles d'union et les oasis de lumière ne sont pas des ghettos de sécurité pour vous isoler des autres et de la fougue divine ! Et, encore moins, pour nourrir vos peurs de tout acabit, vous complaire dans vos blessures et ne chercher qu'à répondre à vos intérêts et buts personnels. Pour intégrer une oasis de lumière, vous devez avoir transcendé toute forme d'énergie de l'ancienne matrice et avoir atteint une autonomie psychique et émotionnelle ainsi qu'une maturité spirituelle.

Nous vous proposons des unités de lumière, d'amour et de paix qui favorisent de multiples formes d'échange et d'interaction. Des unités guidées par des Maîtres et soutenues dans la matière par des personnes qui portent l'intention noble d'œuvrer pour le plus grand bien de tous. Tout doit converger dans la même direction sur la voie sacrée du cœur. Tous doivent contribuer à intensifier le rayonnement du noyau de l'unité de lumière. Des cellules ouvertes sur la vie, sur le monde, sur le cosmos dans une voie inclusive. C'est le relâchement des frontières et l'ouverture sur tous les mondes. Dès lors, vous faites corps ensemble dans le champ unifié d'une lumineuse Mer-Ka-Bah collective et de toutes vos multidimensionnalités. Vous nourrissez le même but, reliés à une source infinie de bienveillance et de compassion. Vous partagez de concert la richesse de vos innombrables ressources et de vos dons. C'est la qualité de votre union, le fait de chérir une vision commune et l'intensification de votre union au cœur du vivant, qui sera déterminante pour la survie de toute communauté dans la Nouvelle Terre. Posez-vous les questions suivantes :

- Comment pouvez-vous canaliser ensemble vos élans et vos énergies dans un service désintéressé ?
- Comment allez-vous assembler vos forces d'amour et de lumière au service de l'humanité ?

La création de cercles sacrés

Dans cette importante éclosion des énergies du Féminin sacré et de la présence assidue des Mères divines, formez de plus en plus de grands cercles, de beaux mandalas sacrés cousus d'or. Entrez dans la ronde du vivant ! Archétype de l'unité, le cercle est l'élément matriciel qui permet l'union et vous relie à toutes les matrices de vie de la Terre et du cosmos. Cette forme géométrique sacrée de nature divine tire ses origines de la belle Vénus et de Sirius. Le cercle vous met en pouvoir et favorise la circulation harmonieuse des énergies. C'est un élément fondamental de la nouvelle gouvernance pour une humanité consciente et éclairée. Vos sages autochtones le savaient. Pour eux, l'espace à l'intérieur du cercle n'est jamais ordinaire, il est sacré. Le cercle ne nourrit aucune hiérarchie, car tous sont égaux et en force. Le centre du cercle génère une force indescriptible de rayonnement à l'infini. C'est le moyeu de paix, là où bat le cœur de Dieu, le cœur de l'univers. Dans le cercle, c'est la vie elle-même qui vous interpelle. Le cercle est inclusif par nature, comme le Maître, et relie tous les peuples et toutes les formes de vie. Lors de la création d'un cercle, nos énergies bienveillantes s'installent automatiquement en vous transportant dans un vent de douceur, de sécurité et d'enveloppement aux effluves de pétales de roses. Notre présence et notre souffle initient la force ronde du mouvement circulaire de la vie, la Fleur de Vie, et génèrent un puissant vortex d'amour et de compassion.

Créez des cercles et nourrissez le fil d'or d'une personne à l'autre et d'un cercle à l'autre. Joignez-vous à vos familles spirituelles pour œuvrer. Chaque cercle sacré génère une aura lumineuse, et son rayonnement touche tous les cœurs. Rassemblez-vous et créez des cercles axés sur la guérison : des cercles de parole, de pacification, de pardon et de transmutation. Créez aussi des cercles pour l'élévation : des cercles de création, d'art et d'expression, de méditation, de prière, de silence, de gratitude, de bénédiction, de contemplation et de communion. Créez des cercles d'initiation : des cercles de transmission, de rites, de passage, de connaissance, de sagesse et d'éveil. Le cercle est un catalyseur, un levier incontestable, vers la naissance d'une humanité consciente et éclairée. C'est le pouvoir de la Terre et du ciel réunis. C'est un don total d'amour pour la planète et toutes les formes de vie. Qui plus est, intégrez l'héritage sacré de la sagesse amérindienne vous invitant à poser des gestes qui serviront aux sept prochaines générations. Quel changement de perspective qui conduit inexorablement à une profonde réflexion et à une ouverture de conscience avant de mettre tout projet et toute action en œuvre !

On vous rappelle que la vision autochtone est basée essentiellement sur la vie, le respect et le principe de réciprocité et d'unité. Les Amérindiens vous diront : *ce qui cesse de circuler se corrompt*. Pour le peuple rouge des Amériques, quand vous prenez à la Terre, vous offrez en retour par respect du don de la vie. Vous ne prenez que le nécessaire après avoir demandé la permission, puis vous remerciez. Votre offrande peut s'exprimer par un échange vibratoire amoureux, un chant ou une prière. Le cercle sacré ne sépare point ; il réunit et rétablit l'harmonie universelle. Cette forme matricielle permet de nourrir le sentiment d'appartenance au *grand cercle de la vie* et d'honorer chaque jour la création et votre reliance au vivant. Pour renforcer cette union, l'Amérindien conclut toujours ses prières, ses rites et ses rencontres par une salutation englobante issue de la nation lakota : «*Aho* !», qui signifie *à toutes les relations*, c'est-à-dire d'ouvrir son cœur à tout ce qui existe. Car tout est un fragment du Créateur. Tout est tissé ensemble par l'entremise de la grande toile de la vie. Et l'amour est la grande force qui soutient l'univers entier. À l'instar des Amérindiens, tous les peuples indigènes ont toujours entretenu cet esprit unitaire avec tout ce qui existe, sachant que les pensées, les intentions, les mots et les gestes ont des conséquences sur l'ensemble. Ils considèrent l'homme, la Terre et le cosmos comme une seule entité reliée au Créateur, dont il faut préserver à tout prix l'harmonie. Chaque déséquilibre engendré par l'homme affecte une étoile. Le vaste savoir et le lien sacré indéfectible que les peuples racines entretiennent avec la Mère Terre et avec la création sont de pures bénédictions pour vos sociétés modernes et toutes les générations futures.

Tisser des fils d'or

Quant à l'or, il vous met en résonance avec l'alchimie de la transformation, la puissance du feu christique solaire. La vibration de l'or est pacificatrice, alchimique et unificatrice. N'êtes-vous pas au seuil de l'âge d'or ? Les fils d'or que vous tissez ensemble sont de véritables méridiens et réseaux de lumière. Ils vous relient au long fil d'or de l'histoire de toutes les humanités et vous connectent lumineusement à l'ensemble de la création. C'est le fil quantique infini et indestructible de l'amour divin initial, le tissu universel du Créateur. Dans cet espace, vous n'êtes qu'Un. Le passé, le présent et le futur n'existent plus. Tout se vit simultanément. Vous recouvrez alors votre nature multidimensionnelle. Depuis longtemps, les Amérindiens vous ont proposé de créer des ponts à la fréquence lumineuse de l'arc-en-ciel, des ponts qui vous unissent à toutes les nations et à tous les mondes terrestres et cosmiques. C'est en quelque sorte une façon de cultiver le lien avec la Sainte Fraternité et avec la communauté pluridimensionnelle de la création. Il y a urgence de vous extirper du paradigme désuet de l'individualisme, de la séparation et des différences. Les temps ne sont plus aux oppositions, aux discriminations, ni à la répression. Les temps sont à l'union et à la fraternisation. Alignez vos cœurs à l'unisson dans la claire conscience, comme une multitude de soleils dans un seul et puissant rayonnement. Et tissez entre vous des fils d'or vous connectant les uns aux autres par un flux courant de lumière christique dans une belle mosaïque aux couleurs de l'arc-en-ciel. Vous êtes tous des tisserands de lumière ! C'est la somme de vos individualités, de vos dons uniques et de votre vibration qui construit un collectif fort et solide bien connecté au cœur du vivant.

Utilisez les portails vibratoires (pleines lunes, nouvelles lunes, équinoxes, solstices et éclipses) pour vous unir et pour diriger des faisceaux dorés de paix et d'amour et des faisceaux bleu-or et rose-or de bienveillance et de compassion sur l'ensemble de la planète. On vous rappelle que les portails sont des occasions exceptionnelles d'initiations pour vous tous afin de vous hisser à un niveau supérieur, de vous harmoniser au diapason de la fréquence cristalline et de participer à des manifestations collectives de votre plus haut potentiel. Ce sont des moments uniques pour entrer en vous, calibrer vos énergies, vous mettre à niveau, vous ressourcer, et pour nourrir votre alignement. Autorisez-vous à faire vibrer intensément les énergies lumineuses déversées durant la traversée des portails d'envergure. Chaque portail énergétique constitue en quelque sorte un sas vibratoire, une ouverture, un espace qui s'ouvre, tel un couloir de croissance accélérée qui vous élève à un autre niveau de votre évolution. Cette accélération quantique permet à chaque particule élémentaire de monter en vibration. C'est un véritable catalyseur qui vous tire vers le haut et vous fait passer à un état de conscience supérieur en amplifiant votre quotient lumineux, votre quotient amoureux. Ouvrez-vous à recevoir dans le cœur les énergies des divers portails, parfois fortes et déstabilisantes, tout en maintenant votre centre et un ancrage souple à la Terre. Si l'énergie vous remue durant la traversée d'un portail, c'est bon signe ! Voyez cela comme un panneau indicateur vous invitant à vivre une décélération de vos activités quotidiennes habituelles, pour mieux intégrer les vibrations de haute fréquence. En traversant un portail d'envergure, vous accueillez plus de lumière dans vos cellules, ce qui favorise leur mutation et la libération des codes lumineux de votre ADN quantique.

Souhaitez-vous voir la Nouvelle Humanité ? Dans ce cas, créez-la d'abord en votre cœur, puis déposez votre semence dans le jardin de la cocréation. Rassemblez-vous pour créer le *grand cercle de la vie*, le cercle de l'infini, par l'union de vos cœurs, de vos consciences et de vos matrices, dans le respect de l'intelligence cosmique. Amour, sagesse, vision et puissance créatrice ! C'est cela l'union pour la cocréation, une autre vérité universelle, un grand OUI à la vie !

Conclusion

Par le pouvoir de ma divine présence, moi (prénom et nom), en mon âme, mon corps, mon cœur et ma conscience, je reconnais pleinement que Je Suis un enfant des étoiles, issu de la lumière. Je sais qui Je Suis.

Conclusion

Soyez un citoyen de la Terre, bien incarné, engagé, responsable, conscient, inspiré et éclairé. Soyez ce que vous êtes : un être d'amour en incarnation doté de pouvoirs spirituels incommensurables. Voilà ce pour quoi vous êtes sur Terre, enfant des étoiles.

Que choisissez-vous ?

Que choisissez-vous ? Souhaitez-vous véritablement contribuer à cette grande naissance planétaire ? Quelle sera votre contribution ? Souhaitez-vous vous engager dans la voie de l'amour, la voie de l'unité ? Si vous répondez par l'affirmative, agissez donc sur-le-champ dans la collaboration et l'union. Tous ensemble réunis dans la Grande Fraternité, vous avez le pouvoir créateur d'orienter positivement les changements. Le cœur est un portail où résonnent les forces infinies de l'univers. Ce temple est la chambre secrète des trésors cachés de votre âme. Quand vous fraternisez, vous accélérez la voie ascendante de la conscience collective et cela se répercute jusque dans les entrailles de la planète et dans vos propres cellules.

La fusion totale des principes sacrés féminins (énergie magnétique) et des principes sacrés masculins (énergie électrique) au cœur du cœur de votre cœur est la clé unique de l'ascension. Femmes et hommes, vous possédez tous en votre Cœur sacré les pouvoirs unifiés de la Source, du Dieu-Déesse. Le germe christique lové en votre Cœur sacré porte déjà l'empreinte de l'ascension. Désormais, vous renaissez à la vie, à la Terre et à l'amour. Vous renaissez à l'être universel pluridimensionnel que vous êtes, investi de tous les pouvoirs du Créateur. C'est le cœur Un du Christ féminin et du Christ masculin qui bat en vous. Sa conscience inspire, guide et éclaire votre parcours en sacralisant votre quête quotidienne. Voilà la véritable initiation du XXIe siècle de tout aspirant à la voie spirituelle, c'est-à-dire celui qui souhaite recouvrer l'incroyable pouvoir transcendant de l'amour et sa souveraineté d'être cosmique en incarnation.

À l'heure où tous sont bombardés d'effusions abondantes d'énergies divines féminines et de particules lumineuses provenant de tous les plans, il vous est permis de rêver. Vous entrez dans l'âge d'or, celui de l'équilibre sacré et de la sagesse. Votre façon de choisir de canaliser la puissance des énergies créatrices de la Mère en union avec la puissance des énergies divines du Père sera déterminante pour votre avenir. Pour que le nouveau puisse émerger dans la pleine conscience, cela exige que l'ancien meure. Ce qui amène le meilleur et le pire à s'exprimer ostensiblement. C'est la mort de l'ego qui vous conduit à la renaissance symbolique de votre soleil intérieur pour une complète fusion avec le Divin dans un esprit et un cœur vierges. En vous positionnant comme un individu maître de sa vie, vous émergez à votre plus haut potentiel lumineux et créateur. Dès lors, plus aucun obstacle n'obstrue votre voie. Vous vibrez sur la fréquence cristalline de votre puissance solaire infinie. Vos corps subtils, votre réseau énergétique et votre enveloppe physique se modifient et se raffinent. Vous naissez à votre ADN divin et à votre cerveau quantique. Vos aires cérébrales dormantes se réactivent tandis que d'autres s'harmonisent sur la note cristalline unitaire. Vous devenez pure vibration. Votre regard perce par sa luminosité. Effectivement, plus votre cœur prend de l'expansion, plus votre rythme vibratoire s'élève et plus votre corps-matière perd de sa densité, devenant de plus en plus lumineux, fluide et cristallin, comme une étoile qui brille dans le firmament.

Un regard alarmiste ou vos lunettes quantiques

Certaines personnes, dont plusieurs dirigeants de la planète, sont installées fortement dans le déni et n'entrevoient aucun changement positif sur Terre. Pour elles, le Nouveau Monde est pure utopie. Ce sont des aberrations répandues malencontreusement par les adeptes d'idéologies nouvel âge en quête de pouvoir et de sensations. Des charlatans qui font miroiter la fin des temps et vous abreuvent de scénarios qui ne sauraient être, comme le retour prochain du Christ. De leur regard alarmiste, ils vous incitent plutôt à observer le bilan catastrophique de ce qui se passe sur la planète depuis des décennies. Le réchauffement planétaire dû à l'inconscience de l'homme multiplie les ouragans, les tornades et les secousses sismiques. Il y a une intensification des éruptions volcaniques et des tempêtes solaires. Les changements climatiques entraînent la fonte des glaciers, la montée des eaux et de multiples perturbations. Combien de personnes sont affligées par la sécheresse, la famine et les inondations ? Des enfants meurent, d'autres sont violentés et abusés. Des femmes sont violées. La torture sévit dans plusieurs contrées. Des gouvernements sont corrompus et dirigés par des dictateurs. On remarque une augmentation exponentielle de la population mondiale. Parallèlement, les ressources premières de la Terre s'épuisent. Constatez l'effondrement des marchés boursiers et des systèmes financiers autrefois solides et inébranlables. Alors que le monde frôle la catastrophe et que tous les réseaux s'écroulent, des hurluberlus attachés au courant du nouvel âge tentent de vous faire croire à un monde meilleur. Réveillez-vous ! Vous vous dirigez vers le pire et vos intentions, les meilleures qui soient, ne conduiront jamais à une ère de paix. C'est de la pure folie !

Ainsi, devant ce bilan peu reluisant dans la perspective d'observation d'une lunette alarmiste et dualiste de la troisième dimension, vous pourriez ne voir que le chaos et conclure aussitôt que la planète est à la dérive et qu'elle se dirige inévitablement vers la pire des apocalypses, l'Armageddon biblique. En réalité, nous le répétons, la pire des catastrophes à l'heure actuelle est l'ignorance, par l'humain, de ses innombrables potentiels. C'est aussi la non-reconnaissance et la non-expression de sa lumière. Il est temps pour l'homme de retirer le voile épais qui obstrue sa vision et de retirer ses vêtements désuets. Il est temps pour lui de savoir qui il est véritablement et de recouvrer la reliance sacrée à ses origines en incarnant son étoile sur Terre.

Contemplez le monde avec vos lunettes quantiques, celles d'une personne consciente dont le regard invite à la contemplation et à la transcendance, non à la critique, au jugement et à l'évaluation. Des lunettes quantiques qui transforment et affûtent votre regard en vous permettant de vous ouvrir à plus grand, à plus vaste, à votre multidimensionnalité. Vous avez fait le choix d'une claire vision et d'une claire conscience. Vous avez choisi d'emprunter la voie sacrée de l'éveil. Vous traversez humblement les initiations les unes après les autres. Vous savez qu'elles sont des catalyseurs incroyables d'ascension. Vous reconnaissez être porteur de l'atome originel divin et vous exprimez votre universalité. Vous avez la capacité de voir au-delà du premier niveau. Vous vous réjouissez pleinement de la beauté de la nature et de l'éclosion de la vie.

Contemplez avec les yeux du cœur, non sous l'effet pervers de la peur, combien un nombre de plus en plus croissant d'individus s'éveillent et se révèlent à qui ils sont vraiment. Combien d'autres se tiennent debout en exprimant clairement leur mécontentement et leur désir intense de changements tangibles. En cette époque de révélation, l'aveuglement et l'indifférence n'ont plus leur place. Il y a une réelle volonté de changement et de libération. L'homme du peuple se réveille avec courage, déplore son asservissement et réclame la liberté d'expression, un droit de naissance, en tant que citoyen de la Terre et de l'univers. Il s'insurge contre la manipulation et les abus de toutes sortes et voit clair dans certains dirigeants qui fomentent la dissension et la division pour mieux régner. Des personnes démontrent des préoccupations écologiques grandissantes. Elles ne s'apitoient pas, malgré les constats désastreux des environnementalistes, et choisissent plutôt de réagir et d'appliquer des solutions qui, éventuellement, seront gagnantes. Ces personnes éveillées savent intrinsèquement que la Terre est pleine de ressources et que la conscience Gaïa collabore étroitement avec ses habitants pour soutenir la résurgence de la divine lumière, l'éclosion d'une humanité nouvelle.

Bien sûr, ces personnes conscientes et réalistes ne peuvent faire la sourde oreille à tout ce qui se passe à l'heure actuelle sur votre planète. Elles constatent la trajectoire du courant dominant emprunté par l'humanité, une trajectoire dominée par un désir effréné de consommation, de concurrence déloyale, de division, de pouvoir et d'enrichissement. De nombreuses personnes sont témoins au quotidien de comportements répressifs ou gravement corrompus de certains dirigeants ainsi que de pratiques de gouvernance immorales et préjudiciables. Ces êtres ne sont pas dupes. Ils ne se laissent plus manipuler aveuglément par les stratégies perfides des campagnes de peur qui engendrent – et cela est voulu – des psychoses sociétales remarquablement efficaces du point de vue du siège qu'ils occupent. On vous rappelle que la peur est le moteur de l'abus de pouvoir et nourrit les forces hostiles de l'ombre. La personne qui a peur n'est plus dans son pouvoir ni son alignement et s'affaiblit physiquement et mentalement. Elle devient alors extrêmement vulnérable et manipulable. La peur est certainement le plus puissant des virus endémiques, un poison qui enferme l'humanité et détruit les cellules de l'homme. Les cellules ont une conscience et se nourrissent des vibrations et des pensées entretenues par la personne. La peur prive celle-ci de sa liberté de choix et la conduit souvent vers une obéissance aveugle. Cette vibration-parasite est une distorsion de l'amour et une contraction de la lumière qui affectent la psyché de l'humain et l'ensemble de son champ énergétique. Jamais vos choix ne doivent être conditionnés par la peur. Dorénavant, vos actions et vos comportements basés sur la peur doivent être remplacés par l'amour. Car vous avez le choix de deux sortes d'existence, l'une tournée vers la peur et l'autre tournée vers l'amour. Que choisissez-vous ? La peur ou l'amour ? Auriez-vous oublié l'infinie puissance du cœur, la seule et réelle immunité contre toutes les peurs ? De la peur vers l'amour… Votre plus grande protection est l'amour, la seule autorité qui soit. L'amour est roi ! Dans sa royauté intemporelle et universelle, une paix profonde et durable gagne tout votre être.

Cultiver le clair discernement

Nous vous incitons à ne pas verser les yeux fermés dans la pensée magique et l'imaginaire d'un changement radical. Si on vous promet le bonheur et l'ascension sans effort et sans renoncement, méfiez-vous. Explorer la voie sacrée, la voie spirituelle, exige une présence consciente et un clair discernement pour ne pas être leurré et plongé dans les méandres des basses fréquences de l'asservissement. Apprendre le discernement et l'appliquer dans votre vie vous redonne votre pouvoir et vous responsabilise. C'est là un attribut spirituel qui facilite le chemin vers votre vérité intérieure et la sagesse divine. Il ne peut s'exprimer sous l'impulsion de réflexes et de réponses conditionnés. Le discernement vous mène à trier le bon grain de l'ivraie et à faire des choix judicieux et éclairés, en harmonie avec qui vous êtes. Or, dans la mouvance spirituelle actuelle, il y a place à de nombreuses voies, interprétations et évaluations.

Assurez-vous toujours de valider la véracité des propos tenus et l'énergie qui les sous-tendent à partir de votre cœur. Ne vous laissez point terroriser par des gens sans scrupule qui tenteront de vous contrôler et de vous maintenir dans l'ignorance, la peur, le doute et la méfiance. Les mots justes issus d'un cœur pur vous conduisent à l'état d'unité, non pas à l'état de division. L'homme qu'on maintient dans l'ignorance et dans la désinformation, et à qui on ne donne pas accès à une éducation de base, est beaucoup plus réceptif à la manipulation. Contemplez le continent noir qui a été exploité dans la démesure. Combien de personnes, pourtant talentueuses, créatives et spirituelles, ont été gardées prisonnières, sans ressources humaines de première ligne, sans soins de santé, sans éducation et sans accès à des besoins de base ? Pourtant, combien d'argent a servi à piller les ressources naturelles de la précieuse terre africaine ? Combien de pécules ce projet, qui a arraché le diamant du cœur de cet immense territoire sacré, a-t-il rapportés aux grandes puissances de ce monde ? Mais tout n'est pas perdu. Des parties de ce continent, comme d'autres pays en Amérique du Sud, sont essaimées à l'heure actuelle et pourraient transfigurer la face du monde d'ici quelques décennies.

Sous le choc de toutes les divulgations imminentes, certains dirigeants tissent leur toile de façon encore plus serrée pour que vous ne leur échappiez pas. Plus que jamais, la vigilance et le discernement sont à l'honneur pour vous aider à conserver votre alignement et votre pouvoir. Il est facile pour l'humain de confondre l'ombre et la lumière. Le jeu de l'ombre, de la manipulation, est parfois si subtil ! Parfois même, ce jeu se revêt d'un couvert d'amour et se cache derrière une lumière aveuglante. Dans votre quête spirituelle, apprenez à user du clair discernement à partir de votre propre senti et de la vérité qui jaillit de votre cœur conscient. Vous saurez détecter toute dissonance, car le cœur ne ment pas. La vérité, la transparence, l'intégrité et une parole impeccable sont à votre honneur. Ces attributs de l'énergie cristalline sont le fondement même de l'humanité nouvelle. L'amour est le fondement de l'ascension, son seul ferment. Ne vous laissez plus jamais détourner de votre chemin. Seul votre cœur sait…

S'abandonner à plus grand

Vous pouvez choisir de vous cramponner à votre illusion de sécurité et de confort et à votre système habituel de références. Vous pouvez aussi faire le choix conscient et éclairé de vous abandonner au grand mouvement évolutionnaire, ce mouvement naturel de la vie qui jaillit des entrailles de la Mère Terre et de vos entrailles. Cet appel de vos profondeurs est l'énergie du Féminin sacré qui souhaite s'épanouir en vous et au cœur de l'humanité. Plus de féminin permet d'atténuer l'excédent de masculin et de promouvoir des valeurs basées sur l'amour, la vie, le respect et la protection de la nature et de toutes les formes de vie. Plus de féminin permet de recréer l'équilibre et l'équité. La présence généreuse de l'énergie de la Déesse vous rapproche indubitablement de la beauté, de l'harmonie et du Sacré. Elle favorise des choix plus nuancés et plus éclairés pour la planète et l'humanité. Le masculin est invité à s'ancrer au cœur de la Terre et à respirer de plus en plus au rythme du souffle de la Vie Une de la Mère divine. Toute évolution exige un certain désordre (énergie masculine) sans passer obligatoirement par la destruction des ressources et de la vie. Puis, du chaos émergent l'ordre et l'harmonie. En intégrant des valeurs féminines de solidarité, d'entraide et de coopération, vous vous ouvrez à de nouvelles perspectives plus solides, plus viables et plus vivantes.

Opérer la réunion des polarités en vous et en l'humanité facilite et amplifie le mouvement évolutionnaire puisque vous vibrez alors sur la fréquence universelle de l'unité, la fréquence de l'alliance. Ainsi, tout est présent pour que vous puissiez créer de magnifiques jardins de vie, des jardins de paix et des jardins qui vous ramènent à l'essentiel. Ramenez aussi dans vos sociétés modernes les rites de passage et les rituels sacrés perdus au fil du temps, en prenant soin de les adapter à la nouvelle énergie et aux nouvelles générations. Désormais, on vous invite à focaliser votre regard sur ce qui est en train de naître, non pas sur ce qui s'amenuise et s'effondre... Dès à présent, portez vos lunettes quantiques en cultivant des pensées et des actions inhérentes à la cinquième dimension. Vous êtes une expression vivante et vibrante de la lumière de la création. Vous êtes un phare dans la nuit noire que traversent l'humanité et nombre de ses habitants.

Devenez de plus en plus conscient de ce que vous nourrissez comme pensées, émotions et comportements. Rappelez-vous que vous attirez par résonance tout ce qui correspond à vos émanations. Alors, usez d'une vigilance accrue dans cette montée de lumière en accéléré qui ne doit jamais prendre la forme d'une révolte majeure et encore moins d'une condamnation, ce qui ne ferait que nourrir l'énergie de l'ancienne matrice. Le Maître ne condamne jamais. Le Maître ne juge jamais. Le Maître ne se révolte jamais. Le Maître *est*... C'est cela incarner dans la chair votre divine présence *Je Suis*.

L'amorce d'une ère de paix

En ces temps épiques, à l'heure de l'éclosion du Nouveau Monde, les aspirants à la maîtrise doivent s'assurer régulièrement d'intégrer l'idéal qu'ils nourrissent pour l'humanité. Ils doivent mettre en pratique cet idéal dans leur propre vie, dans leur relation à eux-mêmes, à autrui et avec toutes les formes de vie. Vous pouvez tergiverser longuement sur le thème de l'amour inconditionnel et sur celui de l'ascension. Vous pourriez lire des ouvrages tous azimuts et vous gorger intellectuellement. On vous rappelle toutefois que la voie sacrée, le parcours de l'initié, ne peut pas être qu'intellectuel. De toute façon, la connaissance subtile universelle émerge d'elle-même au fur et à mesure de votre montée en lumière. Vous transportez déjà dans votre cellule initiale les enseignements sacrés d'origine. Vous êtes une étoile vivante sur Terre. Ne l'oubliez point. L'être spirituel est libre. Il ne défend pas à outrance des concepts ni ne se noie dans une pléthore d'informations. Il vit pleinement et intensément en jouissant de la beauté de son parcours terrestre. Avec l'innocence de l'enfant, il s'émerveille et s'exprime avant tout par un éventail d'expériences et de sensations de l'être incarné dans sa globalité. L'humain moderne a appris à cultiver un mental fort et s'est sclérosé dans une recherche de savoirs, oubliant de créer et de jouir pleinement de la vie, oubliant de vivre...

Vous pourriez entendre de nombreux enseignements sur l'amour et des messagers vous informant de la manière d'accéder à une conscience expansée et à une fréquence vibratoire supérieure. Qui plus est, vous pouvez rêver d'un monde nouveau basé sur des valeurs de paix, d'amour, d'unité, de compassion, de solidarité, de coopération, d'intégrité et d'authenticité. Néanmoins, dans votre vie personnelle d'un quotidien terrestre, qu'en faites-vous ? Et dans vos relations, qu'en faites-vous ? Et nous ne parlons pas ici de vérités conceptuelles, mais bien de ce que vous ressentez et vibrez véritablement en dedans de vous, dans le tréfonds de vos entrailles. Vous êtes à incarner le Verbe dans la chair. Vous êtes à incarner dans l'action les changements dont vous rêvez dans le monde.

Exercice : Introspection et réflexion

- Êtes-vous prêt à embrasser une nouvelle version de vous-même ?
- Quelle est votre relation à l'amour ?
- Votre cœur est-il en paix ?
- Vos relations ont-elles besoin d'être pacifiées ?
- Êtes-vous prêt à quitter l'état de victime pour passer à celui d'un être souverain ?
- Que faites-vous concrètement au quotidien pour élever votre fréquence vibratoire ?
- Vos pensées et vos actions sont-elles toujours charitables ?
- Êtes-vous constamment vrai, transparent ?
- Honorez-vous vos engagements, tous vos engagements ?
- Êtes-vous un citoyen responsable de ses actes, de ses paroles et de ses créations ?
- Pouvez-vous ressentir de la compassion pour vous-même ? Pouvez-vous en ressentir pour votre voisin et pour l'humanité entière ?

Quand vous posez votre regard sur les conséquences des transformations actuelles, sur les défis auxquels l'humanité et l'humain font face et sur le chaos qui éclate, rappelez-vous que les difficultés sont de véritables aiguillons d'évolution. Chaque fois que le tonnerre gronde en vous, que votre terre intérieure tremble et que sévissent des catastrophes sur la planète, observez comment les humains ont le réflexe inné de s'unir et de s'entraider. Embrassez le chaos inhérent à la transformation qui se pointe en vous et au cœur de l'humanité. Vous ne pouvez y échapper… Mieux vaut être sur la ligne de front!

L'union ou la dualité

L'alliance et l'union font intrinsèquement partie de votre nature divine. Vous ne pouvez vous targuer d'être spirituel si vous fonctionnez de manière individualiste, voire égocentrique. La guilde des Maîtres et tous les émissaires de lumière sont une véritable confrérie, un champ unifié de conscience œuvrant à la grande tâche de l'ascension de l'humanité et diffusant assidûment leur bénédiction. Tous vous accompagnent dans vos transmutations cellulaires, vibrationnelles et énergétiques ainsi que celles de la planète. L'univers entier conspire à votre réalisation. Leur transmission est infinie et leur service se traduit par l'énergie, l'essence et la couleur intrinsèques à leur rayon respectif. Jamais les Maîtres ne songeraient à agir dans la désunion. Leur voie est unificatrice et inclusive. La voie sacrée est inclusive, quel que soit son instructeur, quel que soit le Maître qui la chapeaute. Le message originel reste intact. À partir de votre cœur et de votre intelligence intuitive, vous devez apprendre à décrypter le message et à valider l'authenticité de la vibration qui en émane. Ce n'est que la qualité de la transmission et de l'adombrement qui peut être affectée par le degré de pureté du canal (*channel*). La puissance des vibrations et des énergies émises correspond à la capacité de réception et d'intégration du canal lui-même. Être un canal n'est pas d'emblée un gage de qualité et de pureté. C'est pourquoi chaque canalisation est unique en fonction de l'équilibre psychique de la personne, de son histoire, de son évolution et de son éveil.

Dans la construction du grand corps de l'humanité nouvelle, vous devez agir au nom du collectif, jamais dans le but de servir votre personnage et ses intérêts. Méfiez-vous des personnes qui repoussent toute forme d'alliance et préfèrent continuer d'agir en solo, signe qu'elles évoluent toujours dans l'ancienne énergie. L'esprit duel et l'individualisme sont les conséquences d'une coupure dans votre divinité. La dualité repose sur une dimension conditionnelle qui divise l'homme. À l'heure actuelle, sous l'affluence de la lumière ascendante, tout ce qui vous déstabilise et vous heurte au quotidien constitue un incroyable outil d'ascension. Tout vole en éclats ! Même vos certitudes... Remerciez toutes ces bénédictions vous permettant des avancées spirituelles énormes. Réjouissez-vous et savourez votre envolée !

Instamment, choisissez-vous de nourrir la dualité ou d'embrasser l'union ?

L'Aigle et le Condor

Tout est en place pour que votre lumière se révèle et que vous accédiez à un nouvel état vibratoire. Réjouissez-vous, car l'impressionnant Condor du Sud prend des forces grâce au souffle sacré de la Mère, se rapprochant de l'Aigle du Nord pour l'ascension des Amériques et celle de tous les continents. Dès lors, l'ensemble de la planète dans ses deux hémisphères retrouvera progressivement son équilibre sacré, son unité primordiale, bien planté dans de nouvelles fondations plus solides et plus harmonieuses. La Terre et son humanité appellent à l'équilibre et à l'union. À l'instar de votre cerveau et de votre structure énergétique, ils vivent un processus de réunification au fur et à mesure que vous gravissez l'échelle de l'ascension. Depuis longtemps, une grande partie de l'hémisphère nord a été immergée dans l'opulence, l'individualisme, la concurrence et le capitalisme. L'hémisphère sud a vécu dans la pauvreté, le dénigrement et l'exploitation sans retenue de ses ressources. Une rotation des grandes puissances de ce monde s'effectuera dans les prochaines décennies. Quelque chose doit forcément changer dans cette descente colossale d'énergies lumineuses pour l'ascension. Maintenant, il faut constater les limites et les forces des pays de chacun des hémisphères en les réunissant pour nourrir l'actuel mouvement évolutionnaire et l'éclosion d'une humanité nouvelle. Qui plus est, les sociétés devront tenir compte des faiblesses de chacune des contrées pour éviter de reprendre la même trajectoire et de reproduire inutilement les mêmes bévues, les mêmes erreurs.

Tout comme vous, l'Aigle et le Condor aspirent à l'union et vous invitent à vous rassembler, tous ensemble ! L'appel du cœur rejaillit de vos âmes qui s'éveillent et stimulent vos sensibilités fraternelles, sororales et cosmiques. Vous êtes des personnes qui ont fait le choix conscient de soulever le monde vers une sphère dimensionnelle supérieure. Vous offrez inconditionnellement votre semence amoureuse et vous émettez des faisceaux lumineux de guérison et de restauration là où il y a besoin. Vous êtes les nouveaux gardiens de la Terre qui permettent l'amorce d'une ère de paix, d'amour, de compassion et de solidarité. Quelle grande offrande à l'humanité ! Quelle grande offrande à vos âmes dans ce passage exceptionnel et quel mandat extraordinaire pour vos familles ! Vous êtes tous remerciés. En tant que tisserands et jardiniers de paix, vous œuvrez à la force ascendante de la conscience collective. Dans la mouvance spirituelle actuelle, vous consolidez votre rôle prépondérant au sein de l'ascension de l'humanité et de la Terre. Réjouissez-vous de cet énorme cadeau ! Vous y êtes. Avancez en toute humilité. Soyez humbles devant la vie. Soyez humbles devant l'univers.

Pendant que des réseaux s'effondrent, d'autres émergent et contribuent à l'avènement de la Nouvelle Humanité. Réjouissez-vous. C'est un moment sacré sur la Terre. Portez la vision ! Car, sans vision, la conscience d'un peuple périclite. Oui, chérissez la vision d'amour et de coopération. Gardez-la bien vivante dans vos cœurs, là où elle prend toute sa force. Il vous est permis de rêver ! Dès maintenant, allumez les grands feux de la fraternité et de la sororité. En tant que piliers de lumière, franchissez le portail qui se trouve actuellement devant vous, puis œuvrez ensemble, main dans la main, tous portés par une seule conscience, la conscience unificatrice. Le temps est venu pour que la Nouvelle Terre émerge. L'ascenseur divin est à vos pieds ! C'est l'heure du Grand Rassemblement à l'échelle cosmique. Vous êtes entrés dans un processus exceptionnel de divine création. Dans votre grand périple ascensionnel, en tant que cocréateurs et voyageurs spirituels, vous avez une occasion inouïe de témoigner individuellement et collectivement de votre plus haut potentiel de conscience et de la force d'amour. On vous rappelle que l'unique ticket de passage est l'amour !

Dans le juste chemin, vous ne trouverez que l'amour. Où il y a amour, il y a ascension.

Tout est déjà accompli. – Marie

Index des exercices, rituels et mantras

Remerciements

Heureuse de franchir la ligne d'arrivée de ce troisième manuscrit, j'exprime ma gratitude infinie à Marie-Isis-Myriam et à toute la lignée des Déesses, pour leur amour indéfectible et leur présence inconditionnelle à l'ensemencement de paix et de codes-germes ascensionnels au cœur de l'humanité.

En célébrant ce couronnement, je ne peux passer sous silence toutes ces personnes merveilleuses qui ont contribué de près ou de loin à cette autre fabuleuse aventure.

Je tiens à témoigner toute ma reconnaissance à Mathieu, pour la transcription minutieuse du manuscrit, son dévouement, son amour et son indispensable présence à notre mission commune du Grand Œuvre de lumière.

Toute ma gratitude à Isabelle Hallaire, Marie Odile Manteaux et Jacques Proulx pour leur générosité et la transcription de plus de 1 500 pages d'enseignements audios qui m'ont permis de donner chair à cet ouvrage.

Je remercie sincèrement toute l'équipe d'Ahava international pour sa précieuse collaboration à l'ancrage de graines lumineuses pour une humanité nouvelle.

J'offre aussi ma profonde gratitude à Marc Vallée des Éditions Ariane pour son respect de l'œuvre du Divin Féminin et sa contribution à l'émergence d'un monde conscient, éclairé et inspiré.

Je suis particulièrement reconnaissante envers mes parents bien-aimés, Élizabeth et Gaëtan, ainsi que mes sœurs Martine et Valérie, pour leur soutien, leur amour, leur respect et leur bienveillance. Un merci tout spécial à ma fille

Jade Éva et à mon petit-fils Lukas, les plus beaux cadeaux du ciel !

Je tiens à témoigner ma plus sincère gratitude à toutes les personnes extraordinaires que je côtoie lors des activités proposées par Ahava international et qui ont choisi de suivre leur voie. Chacune de leurs expériences s'est inscrite de façon indélébile sur ma route et dans mon cœur.

Lise

À propos de l'auteure

Guide spirituelle, messagère et initiatrice du Féminin sacré, Lise Côté consacre depuis plusieurs décennies la majeure partie de sa vie à canaliser les enseignements universels de Maître Marie et de son collectif. Sa quête d'absolu s'amorce alors qu'elle est très jeune et qu'elle vit les premières expériences transcendantes qui transformeront sa vie à jamais. Les premiers jalons de son parcours étaient déjà les présages d'une vie peu banale. Dotée d'une sensibilité et d'une perceptivité aiguisées, elle a développé des facultés à voyager dans les mondes parallèles qui l'ont conduite vers une recherche intense sur de nombreuses années. Qui plus est, son intérêt marqué pour l'humain et les questions existentielles l'a poussée sur le sentier d'une profonde quête spirituelle. Par sa connaissance de l'univers de l'invisible et l'étendue de son expérience, Lise Côté est un phare pour un grand nombre de personnes dans leur parcours psychospirituel, et elle œuvre au service inconditionnel de l'humanité. Plusieurs personnes requièrent ses services en tant que passeuse lors de moments cruciaux comme ceux de la naissance et de la mort. En outre, sa présence vibratoire – et celle de Marie – aide l'âme-esprit, lors de l'ultime passage de la mort, à retrouver son étincelle lumineuse afin de faciliter son chemin du retour.

Après des études universitaires en sexologie et une longue pratique clinique, Lise a acquis plusieurs diplômes professionnels dans les approches holistiques de la santé et dans le domaine de l'énergétique. Enrichie d'une imposante expérience pluridisciplinaire, elle a œuvré et innové dans plusieurs secteurs d'activité à titre de conférencière, d'animatrice, d'enseignante, de formatrice et de consultante dans le milieu social, l'entreprise privée et le secteur de l'éducation (du primaire à l'université).

Directrice du centre Ahava international et créatrice de ROSE, le webzine du Féminin sacré, Lise Côté œuvre aujourd'hui à la diffusion des enseignements du Divin Féminin, la voie universelle de la Déesse, par des conférences, des ateliers, des séminaires, des rassemblements et des voyages initiatiques. Les voyages spirituels ont lieu dans des sites sacrés hautement vibratoires de la planète – Égypte, Pérou, Guatemala, Mexique, Israël, Grèce, France, Espagne, Portugal, États-Unis, Québec, etc. Chaque activité appuie l'individu dans la révélation de sa nature profonde incarnée et universelle en facilitant ou en accélérant son parcours créateur lumineux et les retrouvailles de ses pouvoirs multidimensionnels d'être souverain.

Ahava international propose l'école de *la voie sacrée* guidée par Marie et son collectif. *La voie sacrée* offre de puissants outils d'évolution et d'éveil. C'est un chemin accéléré de croissance spirituelle qui se décline en trois parcours personnels et un parcours professionnel. La formation permet à l'individu de vivre un véritable pèlerinage de l'âme au cœur de son être tout en vivant une profonde transformation vers une plus grande autonomie physique, psychique et spirituelle.

Depuis le début des années 1990, le centre dispense également les formations de l'Intégration mémorielle et des différents niveaux de soins d'Harmonisation énergétique telles que transmises par Anschma. Par son approche globale de l'être, Ahava international marie l'intervention psychocorporelle et énergétique à un accompagnement spirituel. Les enseignements de la Sagesse universelle sont libres de toute appartenance philosophique, sectaire ou religieuse.

Stimulés par le désir de soutenir l'être dans l'expérience d'élévation de son incarnation et dans l'expression pure de ses pouvoirs multidimensionnels, nous accompagnons tout individu sur le chemin de la maîtrise. C'est avec joie que nous contribuons au Grand Œuvre de lumière de l'humanité par des activités fédératrices sur divers points stratégiques de la planète.

Pour nous joindre :

info@ahavainternational.com
ahavainternational.com

info@rosewebzine.com
rosewebzine.com

Tél. : 1 418 849-9096